Interprete sus manos

Linda Domin

Traducción:
Héctor Ramírez Silva
Edgar Rojas

1998
Llewellyn Español
St. Paul, Minnesota 55164-0383
U.S.A.

PRIMERA EDICIÓN
Primera impresión, 1998

Edición y coordinación general: Edgar Rojas
Editor colaborador: María Teresa Rojas
Ilustración de portada: RKB Studios
Diseño de portada: Anne Marie Garrison
Diseño del interior: Pam Keesey
Título original: *Instant Palm Reader: A Road Map to Life*
Traducción: Héctor Ramírez Silva, Edgar Rojas

Librería del Congreso. Información sobre esta publicación.
Library of Congress Cataloging-in-Publication Data.
Domin, Linda, 1946-
    [Palmascope. Spanish]
    Interprete sus manos / Linda Domin ; traducción, Edgar Rojas, Héctor Ramírez Silva. -- 1. ed.
        p.   cm.
    Includes bibliographical references.
    ISBN 1-56718-397-2 (trade paper)
    1. Palmistry.   I. Title.
[BF921.D6618   1998]
133.6--dc21

                                                                98-41064
                                                                CIP

La Editorial Llewellyn no participa, endorsa o tiene alguna responsabilidad o autoridad concerniente a los negocios y transacciones entre los autores y el público. Las cartas enviadas al autor serán remitidas a su destinatario, pero la editorial no dará a conocer su dirección o número de teléfono, al menos que el autor lo especifique.

Llewellyn Español
una división de Llewellyn Worldwide, Ltd.
P.O. Box 64383, Dept. K-232-1
St. Paul, Minnesota 55164-0383 U.S.A.
www.llewellynespanol.com

La Nueva Era de Llewellyn

La "Nueva Era" es una frase muy utilizada, pero ¿qué significa? ¿Significa el cambio del curso del zodíaco, que tal vez estamos entrando a la era de Acuario? ¿Significa acaso que un nuevo Mesías viene a corregir todo lo que está mal y convertir la tierra en un jardín? Probablemente no, pero la idea de un cambio importante está presente en combinación con la conciencia de que la tierra puede ser un paraíso; que la guerra, el crimen, la pobreza, las enfermedades etc., no son necesariamente "asuntos del demonio".

Optimistas, científicos, soñadores . . . casi todos creemos en un "mañana mejor"; de algún modo podemos hacer cosas que forjarán una vida futura mejor para nosotros y para generaciones posteriores. Por un lado creemos que "no hay nada nuevo bajo los cielos", pero sin embargo vemos que "cada día nos ofrece un nuevo mundo". La diferencia está en nuestra conciencia. Esto es todo lo que representa la Nueva Era: es un cambio importante creado en cada uno de nosotros mientras aprendemos a conducir los "poderes" manifiestos que la humanidad siempre ha tenido latente.

La evolución avanza por lapsos de tiempo. Los individuos luchan por desarrollar talentos y fortalezas, y sus esfuerzos crean un "banco de poder" en la inconsciencia colectiva, esto es, el "alma" de la humanidad que de repente hace que estas destrezas sean de más fácil acceso para la mayoría.

Los que hablan de la Nueva Era piensan que un nuevo nivel de conciencia se está haciendo accesible y permitirá a cualquiera manifestar poderes anteriormente restringidos a los pocos que habían trabajado arduamente por ellos: la curación (para uno mismo y los demás), visualización creativa, percepción psíquica, conciencia fuera del cuerpo y mucho más.

Usted tiene aún que aprender las reglas para desarrollar y aplicar estas fuerzas, pero se puede decir que es más un "reaprendizaje" que el conocimiento de algo nuevo, teniendo en cuenta que con la Nueva Era el fundamento de todo esto es esencialmente genético.

Las obras catalogadas como parte de la Nueva Era tratan sobre la actitud y la consciencia, así como la "mecánica" para aprender y usar poderes psíquicos, mentales, espirituales o parapsicológicos.

Entender que el ser humano es efectivamente un "Dios potencial" es el primer paso para obtener dicha fuerza, expresando en la vida exterior los poderes creativos internos.

Este libro es dedicado con amor a mi madre Gilda,
sin su apoyo habría sido imposible realizarlo.

Contenido

Introducción

Guía práctica general

Gráficas de referencia

Los fundamentos

Introducción

La palma de su mano es como una vista aérea de todas las facetas que usted atraviesa a lo largo de la vida. Las líneas curvas y cruzadas proyectan los caminos por los que viaja. El comienzo de su viaje: ¡el nacimiento!, ¿podrían realmente ser plasmados en la palma de su mano los continuos cambios de la vida y sus experiencias? Pronto lo averiguará.

Interprete sus manos muestra un método probado, un viaje guiado paso a paso a lo largo del camino de la vida, proyectado en las líneas palmares. Con él puede leer la palma de la mano como un profesional en muy poco tiempo. Siga la guía ilustrada y obtenga su análisis personal preciso y en forma inmediata.

La lectura palmar explicará el significado de todas las líneas de la mano y el efecto que cada una tiene sobre todas las diversas fases de la vida (carácter, personalidad, infancia, condición económica, vida familiar y sentimental, talentos, felicidad, objetivo en la vida, necesidades, educación, estado de ánimo y destino). Después de unos pocos minutos de viaje, será recompensado con fortalecimiento psicológico, además de descubrimientos nuevos, excitantes y prometedores acerca de si mismo.

Ventajas de ésta lectura

El viaje hacia la lectura palmar que está a punto de realizar condensa los resultados de miles de años de desarrollo de la Quiromancia accesibles con solo unos minutos de su tiempo. Retrocedamos por un momento para ver cómo y porqué se realizó todo esto.

Por siglos la humanidad ha atribuido cualidades místicas a las líneas palmares. Una fascinación por este tema incitó a los quirománticos a través de la historia a definir y registrar el significado de dichas líneas. La búsqueda por las respuestas que ayudarían a solucionar problemas de la vida se basó fuertemente en estos resultados.

¿Sobre qué se basaron los quirománticos del pasado para llegar a estas conclusiones? Comparando las manos de un gran número de personas, ellos encontraron similitudes entre el carácter y las líneas palmares. Si el quiromántico mantenía un registro de sus resultados y su enseñanza era de interés, surgía una escuela de quiromancia basada en su reputación.

Quizás se pregunte por qué hay tantas escuelas de quiromancia; en realidad, hay cientos de ellas. Cada escuela posee una especialización particular. Una podría solo especializarse en la lectura de las líneas principales, otra podría dar énfasis a las líneas secundarias; incluso otra podría concentrarse en la forma de la mano. Algunas se enfocan en las predicciones del futuro; otras sirven solamente para analizar personalidad y carácter. Las escuelas más recientes se interrelacionan con la astrología y diagnósticos médicos.

La base del conocimiento que apoya la quiromancia está fundamentada sobre la evidencia empírica, registrada desde el año 1500 a. C. Los quirománticos célebres hicieron siempre un esfuerzo para esconder o distraer su valiosa información, creando de ese modo una red de misterio alrededor de sus respectivas escuelas, que funcionaban como negocio y necesitaban estar protegidas de competidores y legos.

Para hacer posible este libro fueron recolectados manuscritos recientes y antiguos de todas las diferentes escuelas alrededor del mundo. Sus contenidos fueron compilados en una gráfica de fácil seguimiento. Para complementar esto, miles de líneas palmares fueron traducidas, descifradas y catalogadas en un orden lógico. Este nuevo arreglo fue diseñado especialmente para permitir a cualquiera realizar su lectura personal correctamente y sin ningún conocimiento previo en esta materia, simplemente siguiendo las instrucciones.

El análisis palmar es cuidadosamente diseñado para que esté más en contacto con sigo mismo y con el mundo y para resolver preguntas que no tienen respuesta por medios convencionales. Además, es excitante, educativo y de entretenimiento.

Historia de la quiromancia

En los anteriories 50 siglos la humanidad ha atribuido una cualidad mística a las líneas palmares. Los registros de la quiromancia se remontan a las escrituras Védicas de las primeras culturas Indias (1500 a.C.), cuando era practicada por los Brahamanes. En China, la quiromancia fue popular a principios del año 3000 a.C.; gran parte de este antiguo arte se preserva aún allí y en el Japón, y se practica con las más estrictas tradiciones del pasado.

Entre los antiguos Romanos, la quiromancia era parte de la religión oficial del estado y fue usada en procedimientos parlamentarios. Aristóteles, "el padre de la Ciencia Natural y la Filosofía", presentó un tratado de quiromancia a Alexander el grande en letras de oro. Los primeros aportantes Griegos fueron los físicos Galeno, fundador de la fisiología experimental, e Hipócrates, "Padre de la Medicina".

En el año 400 a.C. reapareció un tratado sobre quiromancia en Inglaterra dedicado a Belin, el vigésimo tercer rey de los británicos. No fue sino hasta la edad media cuando eruditos tales como Johan Von Hagen y Paracelso (el genio de la ciencia y la medicina) revitalizaron y sistematizaron este arte. Se creyó entonces que los cuerpos celestes Marte, Venus, Júpiter, Saturno, Apolo, Mercurio y la Luna gobernaban los patrones de las diferentes líneas de la mano, y que una persona podría leer su misión en la vida, dirigida por Dios, en la configuración de líneas proyectadas en la palma.

Durante toda la edad media floreció la lectura palmar en todas las principales ciudades europeas donde fue recibida, con reconocimiento unánime, como una escuela de conocimiento respetada en todas las universidades. El físico Alemán Rathman, descartó muchas creencias insustanciales y supersticiones acerca de la quiromancia e introdujo un sistema uniforme de lectura que fue adoptado al plan de estudios en la escuela médica.

En el siglo XIX el erudito francés D´Arpentigny, modernizó la quiromancia gracias a toda una vida de estudios dedicados al trazado de cientos de miles de líneas palmares con sus correspondientes características. Otra figura importante en esta modernización fue Desbarrolles, quien en 1879 creó una técnica de impresión palmar que le permitió descubrir y estudiar las líneas que constantemente cambian, aparecen y desaparecen sobre una misma palma.

El siglo XX trajo con sigo la dependencia de la humanidad de tecnologías nuevas y la voluntad de renunciar a las tradiciones sagradas del pasado. Lo "nuevo" era dado a entender como mejor que lo "viejo"; así , con esta nueva filosofía, la quiromancia fue reducida al nivel de un juego de salón. Los científicos podrán mofarse de la quiromancia, pero hasta la fecha ninguno ha propuesto un estudio serio para invalidarla. Sorprendentemente muchos de ellos están en su defensa, la doctora Charlotte Wolff, Psicóloga y Física de educación inglesa, es la pionera moderna de la quiromancia científica (1940). En sus 20 años de intensa investigación realizó la notable proeza de clasificar más de 90.000 manos de acuerdo a los tipos de carácter humano, perfiles psicológicos y anomalías físicas y mentales. Ella incursionó en el entonces inexplorado campo de la psicología con genio innovador y ayudó a la quiromancia a ganar credibilidad frente a la comunidad científica.

Hoy en día las técnicas para descifrar las características y los factores genéticos que influyen en las crestas de los dedos y el contorno de las líneas palmares (dermatoglyphics), junto con su respectivo significado clínico, son consideradas como una ciencia. Los promotores en las dos ultimas décadas son los doctores S.B. Holt, M.S. Elbualy y J.D. Schindler.

El Dr. Theodore J. Berry, en su libro The Hand as a Mirror of Systematic Diseases (La mano es el espejo de las enfermedades sistémicas), nos recuerda una variedad de enfermedades graves que pueden ser detectadas mediante el estudio de las manos del paciente. Están incluidas el sarampión alemán, mongolismo, síndrome de Turner y distrofia.

Los anatomistas explican la apariencia de las líneas palmares como pliegues flexurales causados al abrir y cerrar la mano. Ellos, sin embargo, no pueden explicar el hecho que infantes recién nacidos a menudo tienen más líneas sobre su palma que los adultos.

Mientras la quiromancia se fortalece de nuevo en el mundo occidental para recuperar reputación, muchas otras partes del mundo, en las que nunca se ha dejado de practicar seriamente, lo hacen como lo hacían miles de años atrás. Las ciudades Chinas están invadidas de dichas prácticas; consultar un quiromántico antes de tomar decisiones importantes ha sido costumbre por más de 2000 años. En Japón las principales revistas y periódicos presentan diariamente columnas sobre quiromancia, de manera similar a los horóscopos. En el Lejano Oriente, muchos niños son llevados a un quiromántico antes de ser bautizados. La afición en Sur América es tan grande, que las casetas ofrecen revistas totalmente dedicadas a este tema.

En todas estas ciudades la quiromancia es usada para obtener las respuestas que no pueden dar la religión, la medicina, ni los sabios.

La teoria detrás de la quiromancia y como funciona

Todos juzgamos a las personaspor las líneas y la naturaleza de sus caras, esto es, por su "fisonomía". Por consiguiente no es sorprendente que por miles de años se haya tenido también la creencia que la quiromancia describe los diferentes rasgos de carácter y personalidad inscritos en las líneas palmares. Incluso, el cuerpo humano en su totalidad, ha sido clasificado por antropólogos y sociólogos en diferentes tipos de carácter y personalidad de la siguiente forma: ectosomes, leptosomes y mesosomes (ectomorfos, leptomorfos y mesomorfos).

Aristóteles fue el primero en afirmar que los surcos, pliegues y líneas de la palma de la mano son el resultado de una interacción muscular y nerviosa dirigida por el cerebro. A la luz de la anatomía moderna, la mano puede ser vista como un punto extremo de los impulsos nerviosos que vienen desde el cerebro. Cada milésima de segundo (milisegundo), innumerables impulsos nerviosos que vienen del cerebro se conectan con los músculos de la mano causándoles así una constante flexión. Una especie de micromovimiento que no se observa a simple vista.

La quiromántica Judith Hipskind considera este movimiento constante como la causa directa de la formación de líneas y pliegues. Ella cree que esta conexión indirecta de la expresión de los sentimientos, deseos, necesidades y mente inconsciente de una persona (todo registrado y almacenado en el cerebro), fundamenta la quiromancia.

Esto indica que las líneas palmares pueden ser directamente influenciadas por una parte de la mente que sabe más acerca de nosotros y nuestra dirección en la vida, de lo que realmente nos interesa o somos capaces de reconocer.

Hay una correlación desarrollada entre la mano y el cerebro. Es una realidad que un gran porcentaje de fibras nerviosas guiadas desde el cerebro son proyectadas hacia las extremidades, formando así un patrón lineal en las manos y en los pies. Esto fortalece la conclusión que la mano y el pie (los Chinos aún practican el arte llamado Podology son desarrollados en concordancia con el cerebro, que es el asiento de la mente. La información almacenada en el cerebro es luego proyectada sobre la superficie de la palma, de la misma forma que una video cámara proyecta una imagen a una pantalla por medio de una red de cables.

Algunos quirománticos, particularmente William Benham, creen firmemente que la voluntad y el espíritu divino tienen que ver con el grabado de las líneas que a su vez muestran el significado del destino.

Las ideas que se abrigan durante un largo período de tiempo, se convierten en actitudes que a la postre forman la personalidad de un individuo. Hipskind sugiere que las ideas activadas en el cerebro transmiten respuestas que terminan en las manos; estos impulsos se registran finalmente en la palma como líneas finas y posteriormente como líneas más fuertes. Ya que la personalidad experimenta cambios continuos, Hipskind concluye que la impresión en la palma sufre una transformación después de ciertos años para acomodarse con el modo de ser fluctuante, perspectivas y experiencias de una persona. Si desea puede leer su palma otra vez después de un tiempo para así explorar sus propios cambios.

Otros notables quirománticos contemporáneos, tales como Fred Gettings, Mir Bashir y Marcel Broekman han creado su reputación a través de extensos archivos de impresiones palmares de personas a través del tiempo, que a su vez han sido reunidas y comparadas. Ellos unánimemente aseguran que las líneas aparecen (y desaparecen también) con el tiempo. Es un pasatiempo fascinante y comprometedor mantener un registro de su propia impresión palmar, mientras hace un estudio introspectivo de su vida. El famoso psiquiatra C.G. Jung creyó que la quiromancia tenía el potencial de descubrir secretos escondidos profundamente dentro del subconsciente. La usó frecuentemente en su práctica psiquiátrica para evaluar pacientes manejando el potencial intuitivo de ella y así anticipar los problemas futuros de sus pacientes. C.G. Jung dijo lo siguiente: "Las manos, en las que su forma y funcionamiento están íntimamente ligados con el psique, podrían proveer expresiones interpretables de peculiaridades psíquicas del carácter humano".

Psychos, autor de *The Complete Guide to Palmistry* (Guía Completa de Quiromancia), afirma que la mano es un servidor del cerebro y como tal refleja el tipo de cerebro tras de ella.

Un quiromántico fundamentado puede detectar líneas en la palma que revelan la personalidad y el carácter básicos de una persona; cambios en su naturaleza; su mundo emocional oculto junto con todos sus talentos, añoranzas, ambiciones, conflictos y sueños; además sus habilidades desde antes del nacimiento hasta después de la muerte.

Sus manos contienen el cuadro físico, mental y emocional de su realidad. Las características, destrezas y capacidades impresas sobre su mano están destinadas a servir como pautas para llevar una vida feliz y satisfactoria, no como un pronóstico de un mal inminente. La quiromancia pretende ser un trampolín hacia el progreso personal y embellecimiento.

La geografía de la palma

De la misma forma que un mapa del relieve de la tierra ilustra la forma de nuestro planeta con sus montañas, valles, ríos y llanuras; así mismo lo hace la palma de la mano con sus montes, líneas y configuraciones que representan el derrotero de la vida.

Las líneas aparecen de todas las formas y tamaños: profundas o superficiales, largas o cortas, tortuosas o cruzadas, ramificadas, etc. La quiromancia utiliza todos los detalles y facetas de miles de ellas. Las líneas ganan su verdadero significado con base en su localización sobre la palma, donde comienzan y donde terminan, las áreas que atraviesan y las áreas que conectan.

Todas las palmas tienen en común seis líneas básicas, que son llamadas líneas principales y se denominan desde la parte superior a la inferior en: Línea del Corazón, Línea de la Cabeza y Línea de la Vida. Mirando la parte inferior de la mano derecha y comenzando por la izquierda aparecen: Línea de Mercurio, Línea de Apolo y Línea de Saturno.

Cada línea con su nomenclatura y diseño particular representa cierto curso de acción de la vida de una persona y se puede resumir de la siguiente forma:

Línea del Corazón: Trata las emociones, la naturaleza sentimental de una persona, inseguridades, matrimonio, dependencia e independencia.

Línea de la Cabeza: Indicativo del intelecto, carrera, capacidad de razonamiento, actitudes profesionales y potencia les para el éxito.

Línea de la Vida: No representa la duración de la vida. En realidad está ralacionada con el patrón y calidad de vida, fortaleza física, estabilidad o desequilibrio, fuerza de voluntad y lógica.

Línea de Mercurio: Se relaciona con la salud (el sistema nervioso en particular), los negocios, la aventura y el espíritu de investigación.

Línea de Apolo: Trata de la utilización de energías creativas y potenciales para el éxito a través del desarrollo de los talentos.

Línea de Saturno: Muestra revelaciones importantes acerca de la fortaleza del carácter, estudio, amistades, problemas de la vida y la habilidad general para tener éxito.

La palma tiene también numerosas líneas secundarias, que poseen nombres bastante explícitos, tales como Línea del Matrimonio, Línea de Influencia, faja de Venus (que denota emociones, sexualidad y temperamento) y el circulo de salomón (que representa sabiduría y poderes psíquicos).

Las configuraciones

La palma tiene marcas figuradas llamadas configuraciones, las cuales se nombran por su semejanza con una forma gráfica y toman el significado de acuerdo a las líneas o áreas a las que están cerca:

Cadenas: Objetivos oscuros, tendencia a cambiar.

Borlas y Redes: Representan obstáculos, luchas y habilidades aminoradas.

Discontinuidad en las líneas: Sugiere debilidades.

Ramificaciones: Dan fortaleza extra.

Islas: Indican retrasos, perjuicios y problemas.

Cruces: Significan trastornos, violencia, luchas y habilidades menguadas.

Cuadrángulos: Exageran o reducen un rasgo de la personalidad, dependiendo del tamaño.

Triángulos: Si están presentes, mejora la suerte o causan demoras si están quebrados.

Círculos: Amplifican los problemas de salud físicos o emocionales, o talentos y habilidades especiales.

Barras: Significan impedimentos temporales.

Estrellas: Acentúan fortalezas y están asociadas con la buena suerte.

Cuadrados: Refuerzan la calidad de cualquier área débil.

Los dedos y los montes

Los dedos de la mano también tienen nom-bres asignados y están referidos a los planetas que los gobiernan. El pulgar es denominado Venus, el índice es Júpiter, el dedo Corazón es Saturno, el Anular es Apolo y el meñique es Mercurio.

La palma está dividida en sectores o montículos carnosos llamados montes. Bajo cada dedo hay uno de estos montículos y llevan el mismo nombre del dedo al que están asociados. Los montes forman el mismo patrón de un reloj; comenzando bajo el dedo meñique de la mano derecha se denominan en: Mercurio, Apolo, Saturno, Júpiter, Marte inferior, Venus, Luna y Marte superior.

Probablemente se está preguntando "¿qué significa cada planeta?". Cada planeta significa rasgos de carácter y personalidad como sigue:

Mercurio: Optimismo, ingenio, espíritu, astucia.

Apolo: Compasión, amor por la belleza, habilidades artísticas, facilidad para conseguir el éxito.

Saturno: Seriedad, cautela, superstición, oscuridad.

Júpiter: Liderazgo, honor, ambición, religiosidad.

Marte inferior: Valor moral, autocontrol.

Venus: Benevolencia, afecto, humildad, pasión.

Luna: Sentimentalismo, imaginación, egocentrismo.

Marte superior: Resistencia, paz espiritual, tranquilidad, valentía.

La más leve desviación en la forma de una línea es importante para el quiromántico. Por ejemplo, la línea de la vida idealmente rodea el monte de Venus, pero solo una persona entre 500 tendrá esta perfecta formación. Más que probable, la línea de la vida no ha de ser perfecta; puede ser ramificada, desviada, débil o fuerte, muy pequeña, o quizás ancha y borlada; además podría estar acompañada de cualquier número de círculos, puntos, estrellas, cuadrados o líneas cruzadas. Estas variaciones no son consideradas desafortunadas y negativas, en realidad sirven al quiromántico como indicaciones de las muchas facetas de la vida, personalidad y carácter de una persona.

Instrucciones para una lectura

Interprete sus manos está escrito de tal forma que a medida que usted avanza en su lectura palmar, rápidamente se familiariza con los nombres no muy conocidos usados en la quiromancia. En poco tiempo podrá reconocer la presencia o ausencia de los diferentes trazados lineales de su propia mano con base en la guía.

Comience por mirar la palma de su mano derecha abierta, mientras cambia de página con la izquierda y compara así sus líneas palmares con las ilustraciones dadas. Las personas zurdas usualmente leen la mano izquierda.

Las gráficas de referencia que se encuentran al final dan una visión de conjunto. Las flechas y círculos punteados son solamente ayudas para su orientación espacial.

Para los que desean aprender más acerca del funcionamiento de la quiromancia, se presentan capítulos adicionales, incluyendo un curso corto para futuros profesionales.

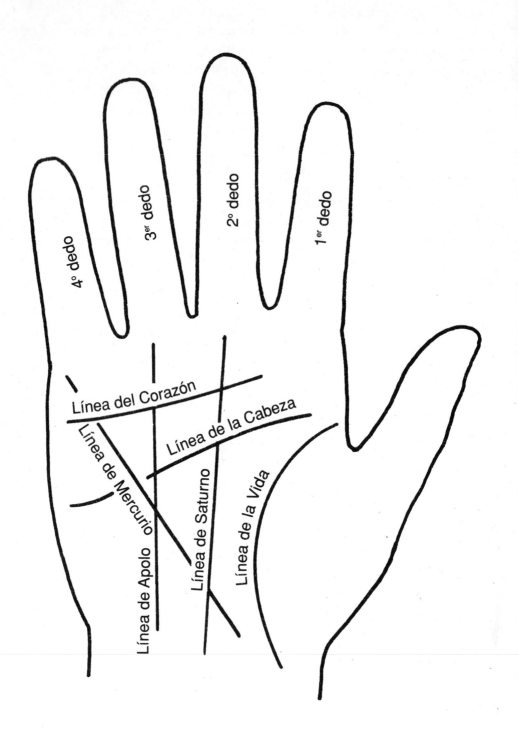

Las líneas principales

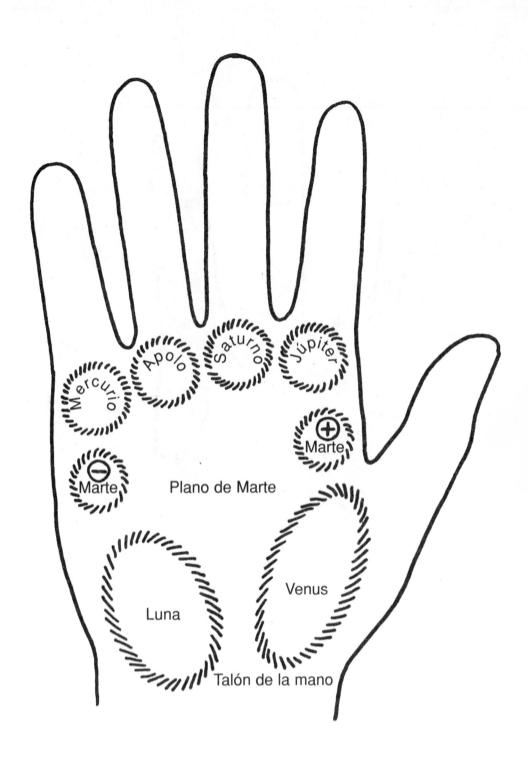

Los montes

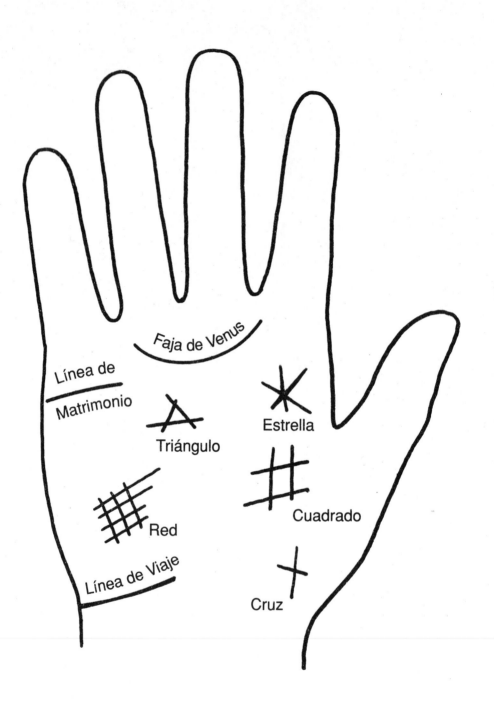

Faja de Venus

Línea de
Matrimonio

Triángulo

Estrella

Red

Cuadrado

Línea de Viaje

Cruz

Las marcas

Guía práctica
para la lectura de la mano

La Línea de la Vida

1. La Línea es gruesa y profunda.

Tiene una constitución fuerte: debe enfrentar un destino más duro que el de la mayoría, ya que posee reservas internas de una mayor fortaleza. Los demás envidian la manera como usted se libera de las preocupaciones y emite un aire de confianza a si mismo. Aunque sea capaz de realizar grandes esfuerzos físicos, sus hábitos moderados lo dominan.

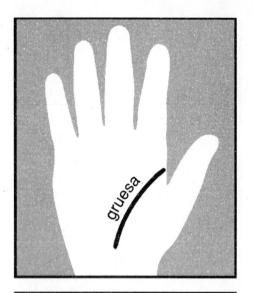

2. La Línea es delgada.

Huye de los demás y evita el contacto con el mundo exterior, encerrado dentro de su escudo protector. Con él se siente seguro para enfrentar emociones fuertes, trabajo excesivo y todas las cosas inesperadas de la vida. De este modo, guarda de manera cuidadosa su nivel de energía por el temor de perderlo prematuramente, esperando así llevar una vida más creativa y saludable.

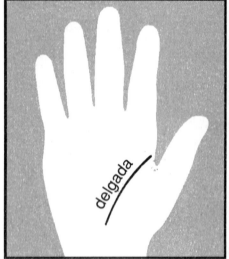

3. La Línea es poco visible.

La poca visibilidad significa que usted no ha comenzado aún a disfrutar de la vida. Sin quererlo, se niega a sí mismo muchos de los placeres de la vida, por considerarlos pecaminosos o por que le despiertan grandes sentimientos de culpa. Puede fortalecer esta línea participando más en el mundo, así como aceptando y haciendo invitaciones. Entre más se involucre en la vida más gruesa se tornará su línea.

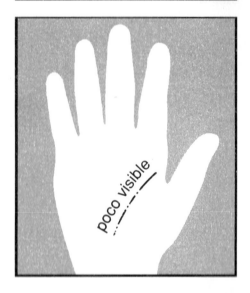

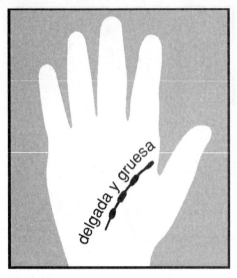

4. La Línea no es uniforme en espesor y es más delgada en algunas partes que en otras.

Libérece de esas emociones demasiado fuertes y diga NO a los que lo aminoran. No se deje tomar ventaja de los demás, incluyendo a sus amigos. Sus energías reprimidas son la causa de su temperamento violento. Cuando está alterado, tiene la manera de calmarse anulando sus sentimientos y combatiendo el odio, los cuales han estropeado su gusto por la vida.

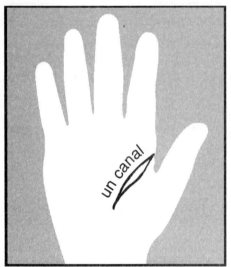

5. La Línea es corta y da la forma de un canal.

Usted tiene el poder de controlar cuidadosamente su mente y sus sentimientos, mucho más que la mayoría de las personas. Muestra orgullo por el dominio de sus acciones y lleva una vida plena de propósitos y determinaciones. Tiene la costumbre de dar la ULTIMA PALABRA, y se rebela cuando algo es injusto. Esta naturaleza rebelde es el factor limitante para su llegada al éxito.

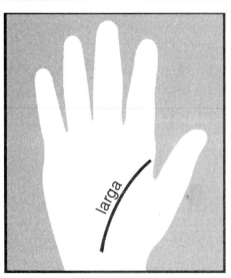

6. La Línea es larga.

Una orden superior sentenció que su vida será larga y saludable. Sin embargo, esto solo se cumplirá si hace un correcto uso de sus energías y talentos. Tenga en cuenta que esta señal no es un paso gratis a la felicidad y eternidad, y que aún debe nutrir y ejercitar continuamente su mente y cuerpo.

7. La Línea tiene forma de escalera.

Sus sentimientos son fácilmente vulnerados por personas indiscretas, y una vez que esto sucede le es difícil recuperarse. Restablézcase ubicándose en lugares tranquilos plasmados de color azul. Está buscando un amigo verdadero, pero sufre innumerables decepciones. Para entablar una amistad exige requisitos muy rigurosos.

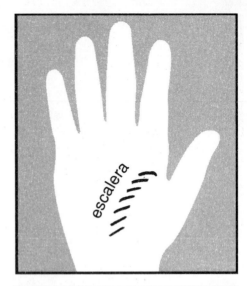

8. La Línea rodea muy cerca el dedo pulgar.

Repentinamente rechaza a los que ama por la más leve provocación, hiriéndose a sí mismo más de lo que los hiere a ellos. Evita la connotación sexual al vestirse y al moverse, evadiendo inconscientemente las relaciones íntimas. Subestima su atractivo y a menudo no se da cuenta de los sentimientos de los demás. Una sociedad comercial relacionada con las artes podría ser de gran provecho económico para usted.

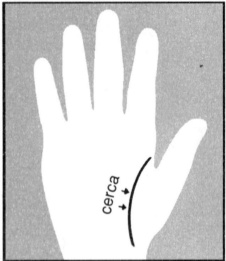

9. La Línea asciende desde la parte baja de la palma y alrededor del monte de Marte.

Las atracciones románticas y sexuales por descubrir son las fuerzas que dirigen su vida. Le han aconsejado que tenga más control sobre sus emociones. Ha puesto todo su corazón a las relaciones que fueron sólo el producto de magnetismo sexual. Por esta razón, el impulso en su carrera profesional podría verse afectado. Tiene una reserva interminable de energías; si alguna de ellas fuera dirigida a su estudio, podría realizar notables progresos.

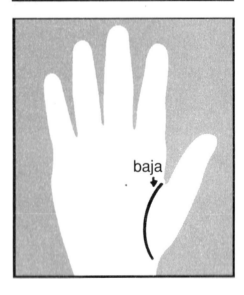

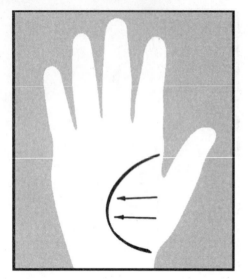

10. La Línea se curva ampliamente sobre la palma.

Su carácter entusiasta y ardiente tiene el poder de atraer a los demás. Muestra comprensión por los subordinados y se crea dificultades por ayudar a la gente. Debe realimentar su espíritu continuamente para mantener firme su entusiasmo. Siempre trata de ser el líder en todas las relaciones, incluyendo las personales. Discuta asuntos de negocios con sus colegas sin perjudicar su productividad.

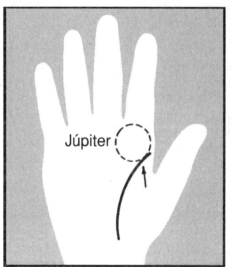

11. La Línea se extiende por debajo del Monte de Júpiter.

Una señal segura de que tiene control sobre sus sentimientos y acciones. Los demás permiten con confianza que usted los guíe durante sus tiempos difíciles. Su ambición para superar los problemas y vencer lo mantienen en la lucha mucho tiempo después de que los demás se han rendido. Este empuje junto con su autocontrol le ofrece grandes honores.

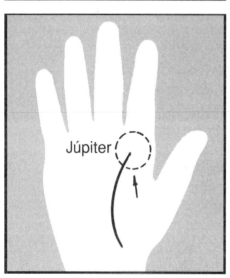

12. La Línea comienza directamente sobre el Monte de Júpiter.

Obtiene la energía del sueño de conseguir grandes cosas. El sueño de más difícil alcance se convierte en realidad, no sólo por su firme ambición, sino también a causa de su agradable personalidad. No necesita fingir afecto para ganar estatus social o financiero. Anhela el progreso y es adicto al éxito.

13. La Línea comienza en un punto que está por encima del Monte de Júpiter.

Nadie puede detenerlo una vez que ha puesto algo en mente, no importa si el propósito lo lleva al éxito o a la ruina. Aunque está por encima de sus rivales del pasado no está aún satisfecho. Posee un fuerte impulso hacia el progreso que no tolera momentos de ocio. Superar la inercia inicial puede ser un problema; pero una vez que su decisión se hace firme, va directo hasta el final.

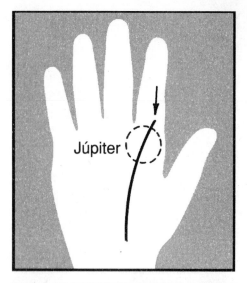

14. La Línea termina en dirección del Monte de la Luna.

Su humor cambia fácilmente. Su disposición es como la de un viento que viene en todas direcciones. Tiene una inexplicable compulsión interna que lo mueve lejos y más lejos del territorio conocido. Siente la carretera como su segundo hogar. Si este comportamiento continúa, su sentimiento de patriotismo se debilitará y su destino podría realizarse en una tierra distante.

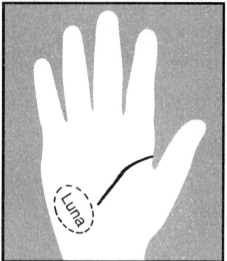

15. La Línea deja su curso y se desvía bruscamente para cubrir el Monte de la Luna.

¿Se ha detenido a preguntar "por qué corro y hacia dónde voy"? Esta línea anuncia una gran inquietud. No importa lo que usted sea, experimenta un deseo caprichoso de estar en alguna otra parte y encuentra difícil manejar estos sentimientos desenfrenados. Esta prisa tiene sus orígenes en un desorden interno sin resolver. Un remedio para todo esto es tomar la vida a un ritmo pausado.

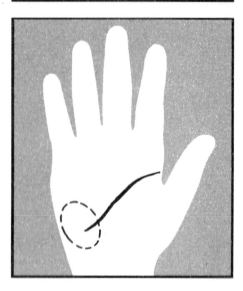

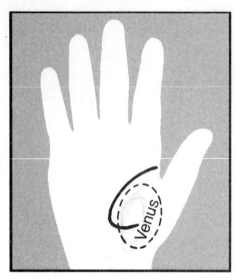

16. La Línea termina en dirección hacia Venus.

La curiosidad y admiración por gente de diferentes culturas es una fuerza de motivación, donde quiera que esté es guiado por ella y por la necesidad de impresionar a los demás. Por lo general sólo va a casa a pasar la noche. Existe un vínculo mental entre usted y su hogar de infancia y busca revivir el pasado misterioso. Aunque viaje para llevar a cabo sus deseos, es paradójico que solo se sienta cómodo en su propia casa.

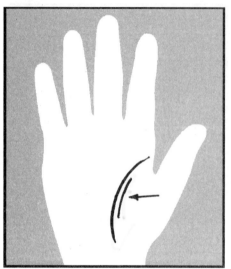

17. La Línea es reforzada con una línea delgada debajo de ella.

Esta línea de refuerzo representa un secreto amoroso. Usted es propenso a tener amores ilícitos y a resistir las presiones que esto conlleva. Anhela la emoción producida por citas secretas. Su razón es dominada por la atracción hacia el sexo opuesto. Este magnetismo puede salirse de control y generar acciones que lo harán sentir culpable. Si consigue aceptar esta idiosincrasia, puede compensar sus faltas hacia los demás de diferentes maneras.

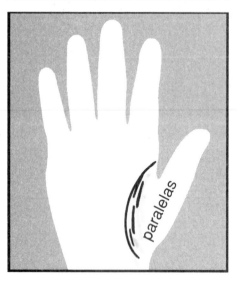

18. Junto a la Línea se encuentran otras Líneas paralelas bien definidas.

Es una persona sentimental, apasionada, llena de amor y que llora con gran facilidad. Se le aconseja prudencia cuando sus pasiones internas se tornen en odio. Una búsqueda desenfrenada por venganza podría despojarlo de sus potenciales creativos. Esta preocupación puede dejarlo impotente para solucionar los más simples problemas de la vida. Frenar la ira y los impulsos sexuales lo fortalecerá.

19. Muchas líneas finas van cerca y paralelamente a la Línea de la Vida.

No es capaz de vivir feliz a menos que reciba amor y atención de muchas partes a la vez. Se siente bien teniendo varias relaciones amorosas, muchas de ellas simultáneas. Es intensamente sentimental y apasionado y se siente inseguro sin su "as en la manga". Sólo abandonaría este modo de vida después de involucrarse un largo tiempo con una persona persistente.

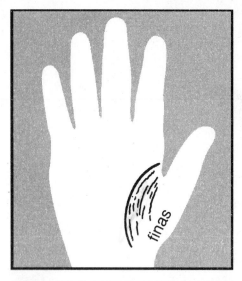

20. Líneas concéntricas refuerzan los Montes de Venus y Marte.

Cada línea curva simboliza a alguien del sexo opuesto que ejerce poder sobre usted. Estas personas lo influyen, sin embargo no se empeña en estructurar y defender sus opiniones. Un día sus ideas podrían llegar a ser tan sólo el reflejo de los demás. Manténgase firme y enfatice su filosofía.

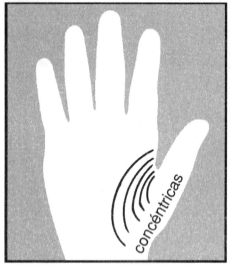

21. Una línea en la base del Monte de Venus, que va paralela a la Línea de la Vida, asciende hacia el Monte inferior de Marte.

Las personas en que realmente se interesa se alejan de usted, a pesar de su cortesía. Así muestre el mejor comportamiento—discreción, tacto, etc.—de todos modos le huirán. Trata de ganarse a las personas pero realmente se siente incapaz de hacerlo. Todo esto cambiará una vez consiga grandes éxitos profesionales.

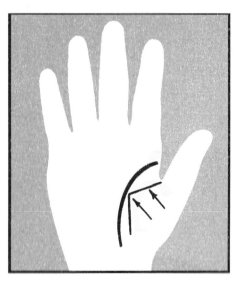

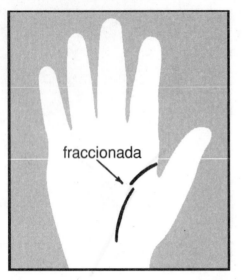

fraccionada

22. La Línea está fraccionada.

Ha permitido que el recuerdo de tiempos desagradables afecten su cuerpo y alma. De hecho, ha resistido condiciones indeseables prolongadas. Su vida no tiene motivación: diariamente todo a su alrededor es aburrido y siente que ya no tiene sentido existir. A su lado tiene un nuevo estilo y perspectiva de vida.

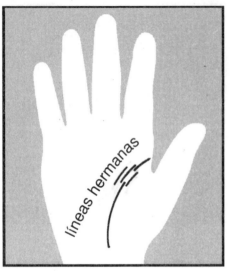

líneas hermanas

23. El espacio producido por la división de la Línea de la Vida es ocupado por líneas hermanas.

Diga adiós a los tiempos difíciles y al callejón sin salida que ha encontrado en todas partes. El camino hacia la felicidad se ha despejado. Las líneas hermanas anuncian un alivio del sufrimiento. Este proceso de compensación funciona de tal forma, que por cada desavenencia del pasado, aparecerá buena fortuna hasta que el bien y el mal estén balanceados. Debe aprender a aprovechar las oportunidades decididamente, no importa lo breves que puedan ser, harán que su suerte cambie.

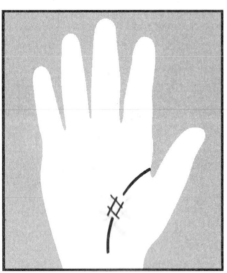

24. Un espacio en la Línea es ocupado por un cuadrado.

El peligro en su seguridad será desviado a todo momento gracias a la influencia protectora del cuadrado. Los demás tratan que usted sea feliz. Es capaz de resistir mucho dolor y de resultar ileso. Gracias al cuadrado se resguarda del peligro físico y restaura completamente la salud después de un accidente o enfermedad.

25. Un triángulo se ubica al final de la Línea.

Es un verdadero diplomático, usa cualquier posibilidad para desviar un problema y solucionarlo inteligentemente. Su habilidad para conciliar diferencias es incomparable y podría un día llevarlo a los medios de comunicación. Sus amigos buscan fortalecer la autoestima con su ayuda; incluso desconocidos recurren a usted, pues perciben su capacidad.

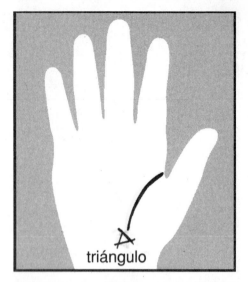
triángulo

26. La Línea termina en forma de borla.

Emplea la mente ampliamente en proyectos que desde el comienzo están destinados a fracasar. Aunque trabaja tanto o más duro que los demás obtiene pocos resultados. Los últimos fracasos lo forzarán a concentrar todas sus energías en una sola dirección, un proyecto a la vez. La distracción es su mayor enemigo. Mire sólo hacia adelante—no a la izquierda ni a la derecha—.

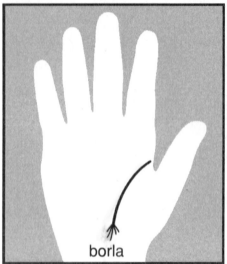
borla

27. La base de la Línea se bifurca en forma de tenedor.

Esta es una marca común entre los que les gusta la lectura, la escritura, sentarse e imaginar cosas. Su vitalidad podría ser menguada con el paso de los años debido a la poca actividad física ardua y constante. A usted le gustaría realizar las aventuras de sus sueños, pero no se atreve. Si fuera capaz de probarse a sí mismo tan sólo una vez, que si puede hacerlo, significaría el comienzo de una nueva vida.

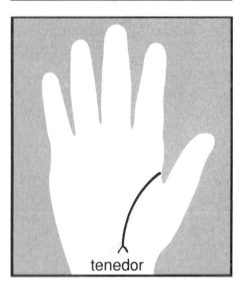
tenedor

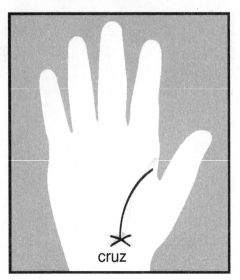

cruz

28. Hay una cruz al final de la Línea.

Esto representa una persona enérgica, capaz y bondadosa. Hay muchos hechos que se le han ocultado intencionalmente, en realidad no sabe completamente la verdad. Trabaja lo mejor que puede. Su vida es un libro abierto. Algunas veces necesita ser reservado para obtener posición y poder sobre los demás. Ya es tiempo que no perdone más y comience a ignorar a los que lo ofenden.

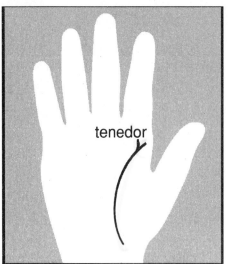

tenedor

29. La Línea comienza en forma de tenedor bajo el dedo índice.

Todos los años en su profesión han sido marcados por el progreso. A veces siente que avanza con cohetes en los talones. Desde su nacimiento, se mueve en dirección del éxito que beneficia la humanidad. Desde su infancia tiene el gran deseo de ser un triunfador en su campo.

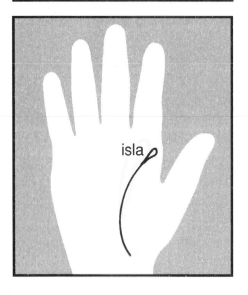

isla

30. La Línea comienza con una isla.

Un misterio de mucho tiempo no se ha revelado. Muchas personas cercanas a usted saben de él, pero ocultan estos secretos ocurridos en la época de su nacimiento, pues desean evitar contratiempos. Tal vez no solucione este enigma, pero vale la pena que lo intente, porque obtendrá la explicación de una de sus debilidades.

31. La Línea tiene forma de cadena.

Todo su andamiaje físico es fácilmente vulnerable. La más leve experiencia dolorosa lo desequilibra. Es creativo, fácil de impresionar y muy sensible. No le gustan los comportamientos toscos. En su infancia era víctima de la crudeza de algunos adultos, y esta es la causa de la inclinación ética de su vida. Mira su niñez como una época cruel.

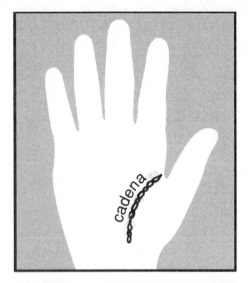

32. La Línea es eslabonada bajo el Monte de Júpiter.

Su constitución física es frágil y por ende es afectada fácilmente por el entorno. La más leve experiencia dolorosa puede transtornarlo por algún tiempo. En su niñez, frecuentemente fue rechazado por el comportamiento crudo de algunos adultos. Estos recuerdos lo han obligado a imponer normas éticas rígidas sobre los demás.

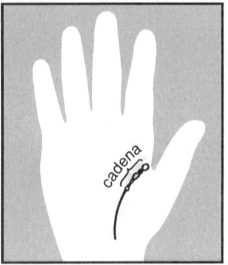

33. Termina abruptamente con unas líneas cortas paralelas.

La pérdida de vitalidad que percibe no es producto de la imaginación. Los últimos años de su vida han sido sosos y tristes. Se lamenta por no haber sido capaz de alcanzar las metas y obtener así los beneficios deseados. Siente que hay una pared invisible entre usted y las oportunidades. No resiste más ser un observador. Las líneas paralelas al final anuncian una liberación de su actitud, un rompimiento del círculo vicioso.

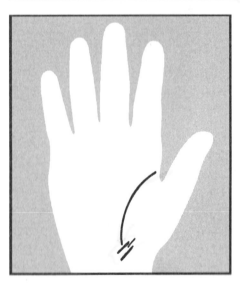

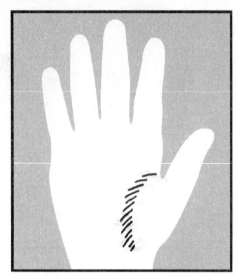

34. Está formada por muchas líneas pequeñas que le dan la forma de escalera.

Aspira a mejorar muchas facetas de su salud y apariencia durante mucho tiempo, pero las cosas no cambian para usted. La compasión de los demás le produce ira, así que se marchará lejos a ocultar sus infortunios. Se ha dedicado bastante a sus deficiencias, exagerándolas demasiado.

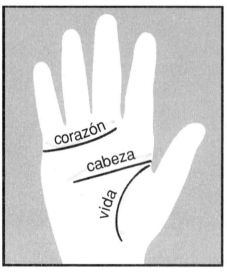

35. Las Líneas de la Cabeza, del Corazón y de la Vida son largas y bien definidas; pero carece de las Líneas de Apolo, Mercurio y Destino.

En su niñez tuvo bastantes y espléndidas expectativas acerca de lo que haría cuando creciera, y ahora está desilusionado de los resultados. Esperaba obtener logros importantes, pero en especial lo afecta su situación económica. Su paciencia será compensada, porque para usted, las cosas tienden a llegar más lentamente que para la mayoría.

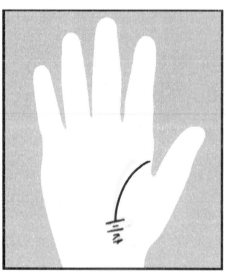

36. Termina en una serie de líneas cruzadas.

Sus amigos dicen que usted es un compañero agradable, de buena condición y buen humor. Con su hospitalidad ayuda a muchos desamparados. Se acomoda a los deseos de los demás, algunas veces hasta el punto de sacrificarse. Muchas de sus grandes habilidades y aptitudes están inactivas porque no tiene el valor de desarrollarlas.

37. En ella aparecen gradualmente líneas capilares, que son más grandes al final.

Algunas premoniciones que tenía acerca de una muerte prematura son desvirtuadas. Las líneas capilares anulan los malos presagios. No tiene porque sentirse preocupado por desastres inminentes. Esta configuración le da vitalidad y capacidad para soportar el peso de todas las fuerzas dirigidas contra usted.

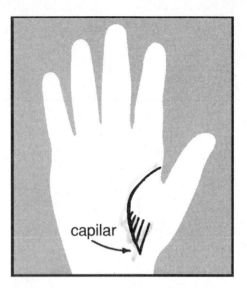

38. La Línea tiene ramificaciones ascendentes que son cortadas por líneas de influencia formando cruces.

En su vida se involucrará en diferentes procedimientos legales y técnicos en su contra. En ocasiones tendrá que defender sus derechos firmemente y luchar en contra de grandes adversidades. Un fenómeno que se repite es la partida de los seres que ama, y su posterior y rápido reenplazo con nuevos conocidos.

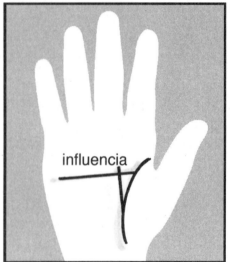

39. La Línea tiene una formación doble, y la ramificación superior desciende en forma de arco desde Marte hasta el la base de la mano.

Se cansa de tener encima tanta responsabilidad. Le gustaría tomar vacaciones permanentes para llevar una vida sencilla. Los problemas aparecen en cualquier lugar tan rápidamente que no puede manejarlos. Muchos de estos problemas se eliminan solo a través de esfuerzos conjuntos, así que, no gaste su tiempo luchando solitario.

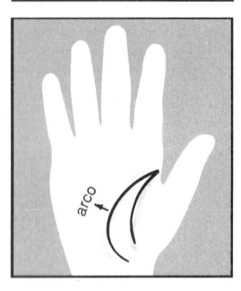

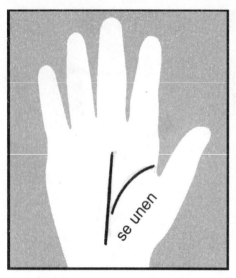

se unen

40. Un extremo truncado de la Línea se une con su Línea del Destino.

Hay una fuerza impredecible en su vida que aparece y lo libera de contratiempos; no importando que tan mínimas sean las esperanzas en un principio. Es rescatado de desastres justo a tiempo. Un día esta suerte se acabará, así que prepárece para defenderse por sí mismo.

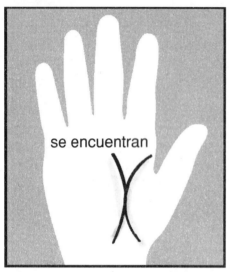

se encuentran

41. Las Líneas de la Vida y del Destino se encuentran en un punto a medio camino.

Ha permitido que su familia influya en decisiones importantes. Esto ha reducido el control sobre su vida y disminuido sus posibilidades para el desarrollo total de su potencial. Debe aprender a confiar en sus sentimientos, ya que usted se conoce a sí mismo mejor que cualquier otro. La segunda mitad de su vida será un reflejo de la primera, con todo y equivocaciones, si no utiliza el poder inactivo que posee para ejercer control sobre sus decisiones.

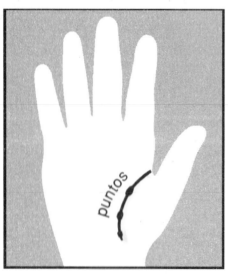

puntos

42. A lo largo de la Línea aparecen una especie de puntos.

Es infeliz por lo que ha sucedido en su vida —cosas que han estado fuera de su control—. Quiere llevar una vida más satisfactoria pero esto es impedido por una serie de obstáculos. Debe sumergirse obstinadamente a través de ellos, uno por uno, si persiste alcanzará un nivel superior.

43. La Línea tiene dos cruces al comienzo.

Posee un sistema sensorial bastante agudo. Percibe las cosas más intensamente que la mayoría y a menudo se preocupa en satisfacer el apetito de sus sentidos. Ha abandonado sus intereses intelectuales y cada vez se hace más materialista, sin embargo, disimula frente a los demás.

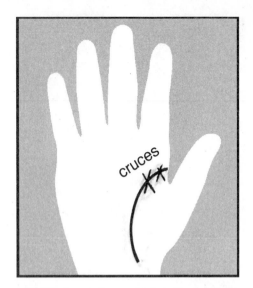

44. Junto a la Línea de la Vida y sobre el Monte de Venus hay una estrella o una cruz.

Un pariente suyo lo inquieta. Esta persona le ha traído angustia e incertidumbre a la armonía que está buscando en la vida. Este trastorno aumentará si se deja fluir. Su adversario se hace más fuerte con su sumisión.

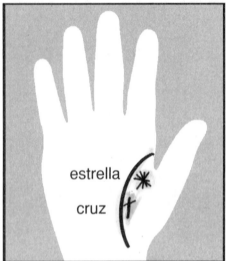

45. Junto a la Línea de la Vida y frente al Monte de Venus hay un cuadrado.

Anhela la soledad y la paz espiritual. Le gusta la privacidad y desea escapar del bullicio, que encuentra intolerable. Discutir esto con sus amigos podría desahogarlo, pero de todos modos soportará la carga más pesada. Todos quieren algo suyo y usted no tiene nada más para dar. Necesita rejuvenecer en su propia atmósfera de consuelo, su refugio de soledad en el cual puede tranquilizarse.

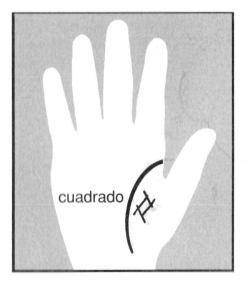

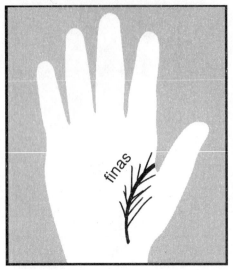

46. De la Línea de la Vida se derivan unas líneas finas.

Periódicamente se sobrecarga de ánimo y energía mental fuerte. El origen de esta fuerza es un misterio. En ocasiones se pregunta por qué desaparecen esas sensaciones tan placenteras, sintiéndose un incapaz. Cuando esto sucede lo corroe un gran vacío. Acepte su naturaleza y considere esto como un tiempo de conciliación, luego podrá obtener lo mejor de ambos mundos.

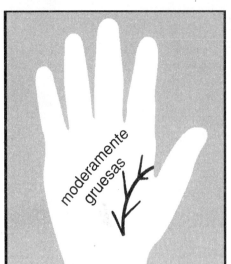

47. De la Línea surgen ramificaciones ascendentes y moderadamente gruesas.

Con el tiempo se ha cimentado con una inusual valentía física y una mente osada. Los factores de resistencia física lo fortalecen con los años. El dinero no le llega con regularidad, aparece discontinuamente en grandes sumas. El número de ramificaciones ascendentes en la Línea de la Vida corresponde a la frecuencia de flujo monetario.

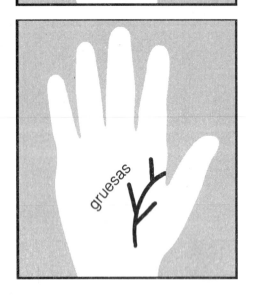

48. De la Línea salen ramificaciones gruesas y ascendentes.

Es una persona activa y con gran espíritu. Siente que no hay límite para las cosas que puede realizar, ni para las aventuras que espera. Piensa que va hacia algo "grande". Atrae admiradores que desean estar con usted para sentir su entusiasmo y brillo.

49. De la Línea se desprenden líneas finas descendentes.

Tiene el máximo potencial para realizar cosas grandes y especiales. Utilice este periodo para resolver todos los problemas aplazados. Cierre los recuerdos de relaciones dolorosas en su vida, ya que ellos agotan sus energías vitales. Sea lo más valiente posible . . . en realidad tiene esta aptitud. Pruebe su capacidad en cosas más grandes.

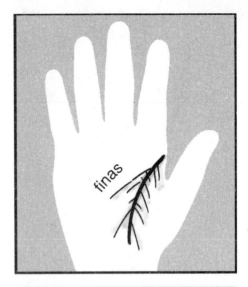

50. De la Línea descienden otras líneas pequeñas.

Son señales de advertencia para protegerlo cuando invierte dinero. Por no encausar bien las cosas y ceder a impulsos espontáneos, sufre pérdidas financieras repetidamente. Se puede enfermar si se obsesiona por tales fracasos. Tiene además la tendencia de enamorarse con base en un impulso, sufriendo nuevamente decepciones. Utilice el tiempo libre para cambiar la rutina monótona y sorpréndase cuando experimente cosas nuevas.

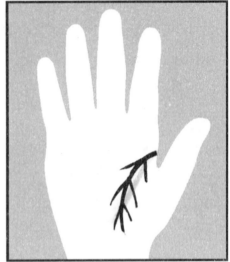

51. De la Línea descienden líneas curvas de tamaño moderado.

Estas líneas representan episodios de su vida, desde un lugar seguro y reguardado hasta una región desconocida y distante donde se siente perdido y amenazado. Con cada movimiento avanza espiritualmente pero retrocede socialmente. Recupera la seguridad haciendo amigos y formando relaciones duraderas con las personas que están al lado suyo y lo aprecian.

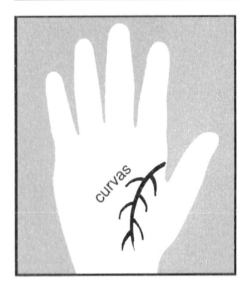

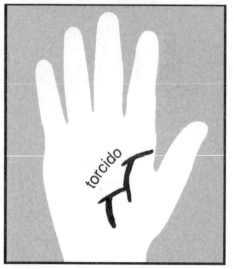

52. De ella bajan líneas gruesas que la obligan a seguir un curso torcido.

Mucho tiempo llevando un estilo de vida opuesto al suyo y los años que ha pasado fuera de su casa lo han impresionado tanto que se ha creado en usted una persona cruda y diferente a lo que una vez fue. Ahora desea tener un consejero de confianza que lo guíe y le de un propósito a su vida. Un período de estudio importante alterará su destino.

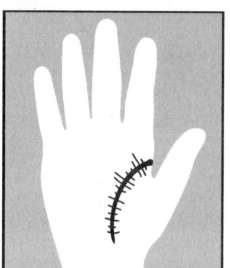

53. Es cruzada horizontalmente por líneas finas y cortas.

Su objetivo es alcanzable, pero una constante preocupación bloquea su perspectiva. Establecer nuevas rutinas libres de la habitual inquietud le despejará el camino hacia las decisiones fáciles. Cumplir las promesas no es su fuerte. Duda en desarrollar proyectos nuevos, porque le preocupa acabar sus reservas.

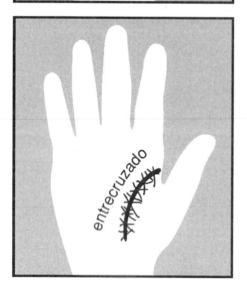

54. Es cortada por muchas líneas pequeñas que a la vez van en diferentes direcciones.

Extraña el encontrarse bien y no acepta fácilmente una molestia física. Tiene la decisión de sentirse como usted mismo otra vez. Se sentirá mejor entrando a lugares luminosos y coloridos e involucrándose en las actividades que realmente disfruta. Siente que debe estar haciendo algo a todo momento y a menudo se lanza a realizar empresas riesgosas sólo por esta razón.

55. Es cruzada por líneas gruesas.

De acuerdo a las líneas gruesas que cru-
cen la Línea de la Vida, usted puede con-
tar las ocasiones en que ha sido herido
significativamente por los demás. Esto
sucede porque confía en las personas con
fe ciega e ignora todas las señales de pre-
vención. Los golpes a su orgullo y reputación no lo han desequilibrado, pero en
vez de eso se podría convertir en un cínico y hundirse en las profundidades del
resentimiento. Si no puede olvidar, entonces acepte.

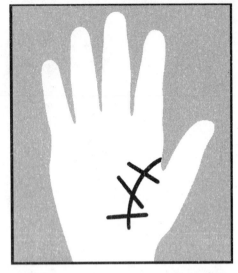

56. Es atravesada por líneas largas provenientes del Monte de Venus.

Está en desacuerdo con los que están cerca
a usted. Sus propósitos son cruzados y
avanza lentamente en ellos. Surgen muchos
conflictos personales a causa de que frecuentemente se retracta de lo que dice.

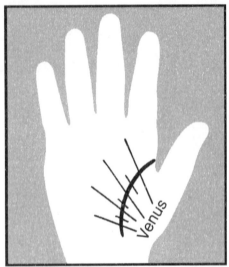

57. Líneas profundas que se originan en el Pulgar pasan por el Monte de Venus y cruzan la Línea de la Vida.

Las personas en quienes confía y ama
podrían resultar traicioneras en torno a su
progreso. Pueden causarle daños tan grandes, que las heridas podrían no sanar
nunca. Debe aprender a desarrollar una luz
interior con la cual pueda meditar para for-
talecerse de nuevo.

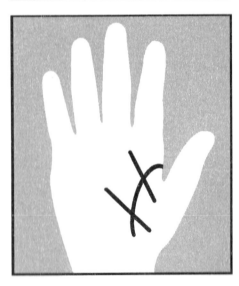

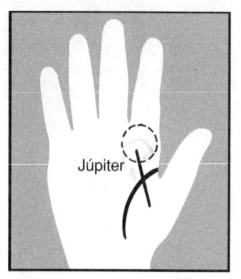

58. La atraviesa una línea que parte del Monte de Júpiter.

Tiene el deseo ardiente de alcanzar la posición más alta posible en la vida. Nunca estará satisfecho de estar sólo dentro del promedio. Se ve a sí mismo en el tope, brillando ante todos los demás. Aunque su ascenso es largo y duro, será compensado más pronto de lo que espera.

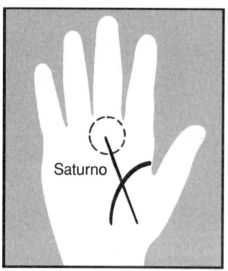

59. Es cortada por una línea procedente del Monte de Saturno.

Es una persona sensible y de naturaleza emocional que necesita protegerse de las ofensas de los demás. Es muy vulnerable frente a los ataques verbales y por consiguiente debería evadir a las personas, incluyendo a los niños, que tienen la costumbre de estimular sus egos afectando el suyo.

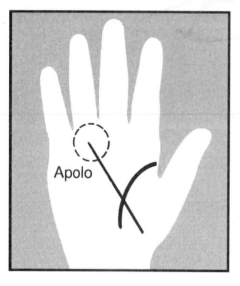

60. Una línea recta y clara que parte del Monte de Apolo corta la Línea de la Vida y llega hasta el Monte de Venus.

Con el tiempo se convertirá en una persona muy conocida y honrada por su riqueza y talento. Un día, su familia y amigos le ofrecerán todo el apoyo posible que lo impulsará a la fama.

61. Una línea clara y derecha atraviesa la palma desde el Monte de Mercurio hasta el Monte de Venus, interceptando la Línea de la Vida.

Comienza muy temprano a apostarle a grandes cosas. Trabaja incesantemente por sus objetivos y se preocupa a todo momento por el futuro. Esta línea indica que la mayoría de negocios por los que se inquieta se tornan a su favor. La riqueza y el estatus lo hacen feliz. Su buena suerte se podría perder si no ofrece agradecimientos cuando debe hacerlo.

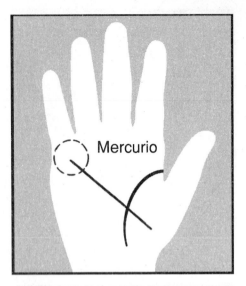

62. Es atravesada por una línea que avanza desde el Monte de la Luna hasta el Monte de Venus.

Ha tenido mala suerte con el sexo opuesto. Ahora ha desarrollado temores innecesarios con respecto a compromisos importantes. Si deja que las decepciones pasadas lo guíen, conseguirá estar más solitario. Se desilusiona más fácilmente que los demás a causa de la anterior herida en sus sentimientos que aún no sana.

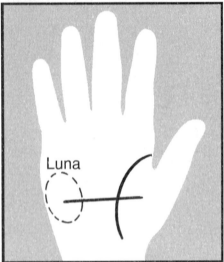

63. Una línea pasa a través de las Líneas de la Vida y de la Cabeza.

El dolor lo ha confundido y además tiene la presión de un pariente entrometido que ha maniatado su vida. Esta persona parece buena, algunas veces tiene la razón y es generosa . . . pero usted no puede dejarse maniobrar más. Fortalézcase y atrévase por sí mismo, luego se sentirá más feliz y tranquilo.

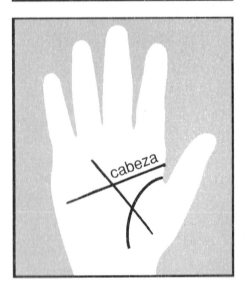

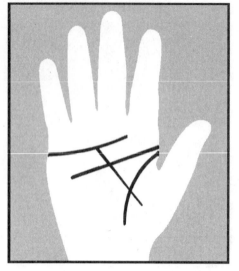

64. Una línea que se origina en cualquier parte de la Línea de la Vida atraviesa la Línea de la Cabeza y termina exactamente en la Línea del Corazón.

Esta línea puede curvarse a la derecha o a la izquierda, pero también puede ser recta. Significa que hay un viejo malentendido con un pariente cercano que lo ha afectado por años. Tiene miedo de dirigirse a esta persona, que lo incrimina e irrespeta, aunque usted trate siempre de conciliar las cosas. Lo que tiene que hacer es imponer su dominio.

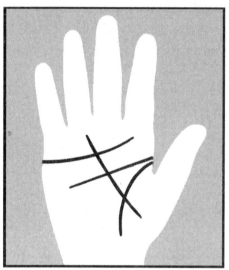

65. Una línea (curva o recta) atraviesa las Líneas de la Vida y de la Cabeza, además cruza la Línea del Corazón.

Por más de una ocasión sus parientes se han entrometido en su vida y han menguado sus elecciones. Nunca estarán de acuerdo con su libertad personal. Para salir de esto, aléjese junto con quien realmente ama; nunca retroceda a esperar la aprobación de su familia.

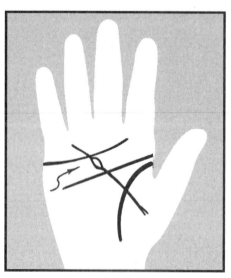

66. Una línea (curva o recta) con una isla, atraviesa las Líneas del Corazón, de la Cabeza y de la Vida.

Enfrenta una relación amorosa, que al comienzo parece lo mejor. Al final estará atrapado en una atmósfera de culpa. Estos sentimientos podrían seguirlo hasta sus relaciones futuras, y solo con un gran esfuerzo los superará.

67. Una línea que se origina en el Monte de Venus cruza la Línea de la Vida e intercepta la Línea de Apolo.

Tiene una discrepancia de mucho tiempo con un pariente, que aunque usted nunca lo supo, en realidad no fue su amigo. El resultado de los procedimientos (si se lleva esto a juzgados) lo decepcionará inicialmente, pero posteriormente las cosas se inclinarán a su favor.

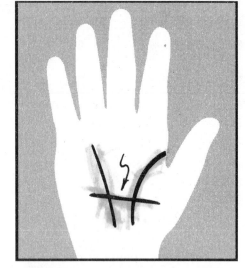

68. De la línea sale una ramificación que se dirige hacia el Monte de Júpiter.

Mantiene la frente en alto. Hace gran esfuerzo en reafirmarse a sí mismo y lucir bien. Tiene poca paciencia con lo lento y lo torpe. Es de temperamento fuerte cuando lo desafían. Se fortalece rápidamente una vez que determina su dirección correcta. En realidad busca objetivos sencillos.

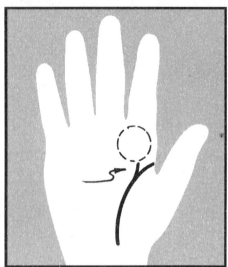

69. Una línea ascendente se deriva de su Línea de la Vida y finaliza en el Monte de Venus.

Es la marca de la realización de un gran maestro. Quien la tiene consigue el éxito a causa de la atracción dinámica con las personas adecuadas, que le señalan el camino y quitan obstáculos. Esto se relaciona con el progreso obtenido a través del estudio y una posición de autoridad sobre los demás. Mantenga su mirada lejos de los beneficios materiales y así su marca permanecerá.

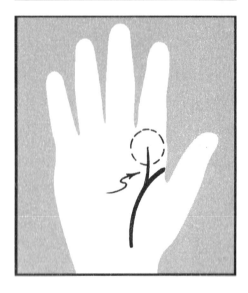

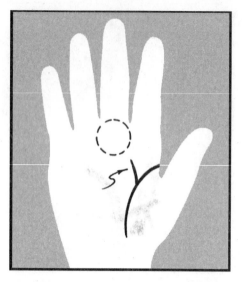

70. Una ramificación ascendente que se origina en la Línea de la Vida avanza hacia el Monte de Saturno.

Aprendió por sí mismo muchos oficios y ha luchado solo para progresar, a pesar de la obstrucción de los demás. Ahora sabe que no puede depender de su familia para realizar planes profesionales. Siempre tiene a su favor la fuente interna de sus talentos para darse fortaleza.

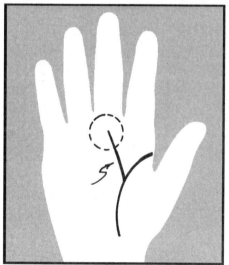

71. De ella surge una línea ascendente que avanza sobre el Monte de Saturno.

Esto representa la adquisición de bienes raíces. Otra interpretación de esta línea es que hay un secreto dentro de usted difícil de descubrir. Este secreto es gradualmente conocido por una serie de coincidencias, que comienzan por el encuentro con un extraño. Ganará lucidez al solucionar este enigma y enfrentará un segundo destino—una nueva vida—llena de recompensas.

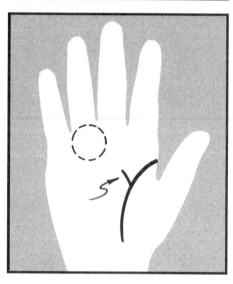

72. Una ramificación que sale de la Línea de la Vida se dirige al Monte de Apolo.

Es la señal positiva de que sus talentos serán tenidos en cuenta. No gaste el tiempo entrando a contiendas. Premios, condecoraciones y popularidad aparecen en forma conveniente. Hay un presagio de éxito en el negocio del espectáculo, en el servicio público, en el derecho y en las artes. El dinero también llega a los que tengan esta señal, a menudo inesperadamente.

73. *De ella surge una línea que asciende hasta Mercurio.*

Esto representa un temprano éxito en los negocios. Alcanzará una posición de autoridad más rápido que los demás. Se ha realizado en diferentes campos, esto hace difícil que se ubique y escoja uno en especial. Puede tener varias profesiones en serie, pues se desempeña bien en cualquier campo en que se especializa.

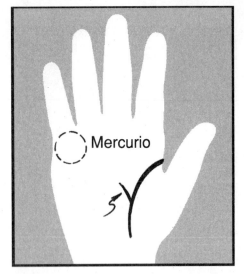

74. *De ella asciende una línea que avanza hasta el Marte superior.*

Una persona de posición alta lo ayuda a ganar una lucha y alcanzará un gran anhelo. Usted desarrolla valor moral para enfrentar situaciones difíciles. Su corazón es base de su inteligencia; es decir, cuando está solucionando problemas, su primer impulso es actuar emocionalmente para luego hacerlo racionalmente.

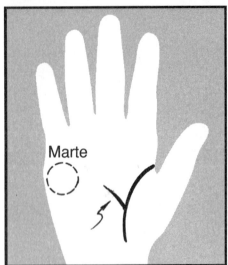

75. *La Línea termina en forma de un pequeño tenedor.*

Se convulsiona a sí mismo debido a una decisión imposible. Es condenado si lo hace y si no lo hace. Mientras finalmente se decide, busque una diversión. Actúe siempre en base al primer impulso, cuando se rompe el hielo, para ponerse en ventaja.

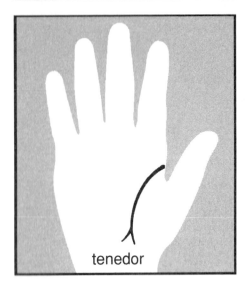

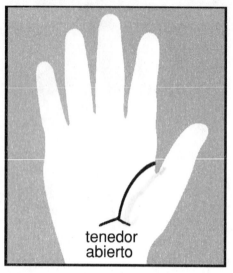

tenedor
abierto

76. La Línea se bifurca al final en forma de un tenedor bastante abierto.

Tener la familia cerca lo limita y no necesita de una compañía estable. Su rutina es muy diferente a la de los demás. Le fascinan lugares en el extranjero y desea ardientemente establecer su vida en un lugar exótico.

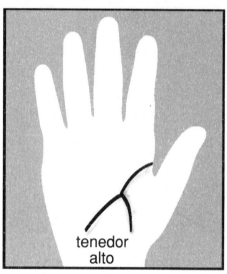

tenedor
alto

77. La Línea adopta la forma de tenedor en el centro de la mano.

Nunca se detiene. Su naturaleza inquieta lo guía a deambular lejos desde lugares seguros, en busca del último sitio libre de presión. Una restricción que se le impuso durante un período de varios años lo dejó preocupado. Una vez que descubra su propósito, su anterior fortaleza regresará.

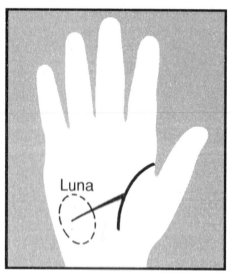

Luna

78. La Línea finaliza en forma de tenedor sobre el Monte de la Luna.

Desea viajar, y si no puede, su imaginación lo hace. Tiene sangre de aventurero y le iría muy bien en la industria de viajes. Es muy entusiasta y es el tipo de persona que puede esperar con paciencia las cosas. Gracias a su ímpetu, podría triunfar en un programa de televisión.

79. Una línea fraccionada del extremo en forma de tenedor que surge de la Línea de la Vida desciende hasta el Monte de la Luna.

Descuida sus pertenencias y a veces su apariencia. Esto empezó como en problema secundario de la infancia que aún persiste. En su casa los objetos de valor se fosilizan en lugares ocultos porque no puede recordar donde los dejó. Su mente es a menudo abordada por grandes ideas, de ahí su despreocupación.

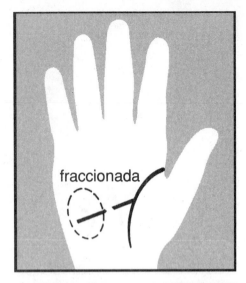

80. De ella se desprende una línea descendente que finaliza con una isla.

Es un explorador frustrado. Fácilmente se aburre, así que empieza a soñar con la aventura. Usualmente lo decepcionan los viajes que requieren demasiada preparación. Le gusta la improvisación. Evita problemas en el camino escogiendo una compañía con intereses similares.

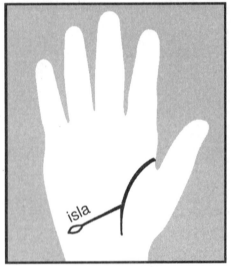

81. Hay un cuadrado sobre una de las ramificaciones que dan la forma de tenedor al extremo de la Línea de la Vida.

¡Buen viaje! Usted escapa del aburrimiento viajando. El cuadrado es una señal protectora que le da el valor para aventurar lejos de su hogar. En el fondo sabe que siempre regresará seguro. Se siente tan relajado en cualquier parte del mundo como en su propia casa.

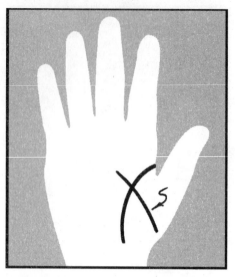

82. Una línea que sale del pulgar se conecta con la Línea de la Vida.

Enfrenta de nuevo una molesta confrontación en la que tiene que ajustar diferencias del pasado. Libérese de esta persona en forma diplomática lo más rápidamente posible. Este encuentro es inevitable. Si este problema continúa, sufrirá graves contratiempos.

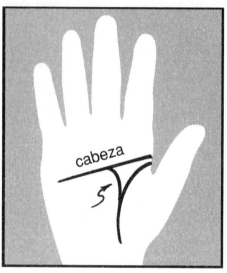

83. De ella sale una línea ramificación ascendente que se detiene en la Línea de la Cabeza.

Descubre la verdadera naturaleza del destino de su vida. Empieza por aceptar lo que en realidad es, reconociendo limitaciones y sintiendo orgullo por lo que tiene. Esto es como una bienvenida reconfortante después de un largo período de aturdimiento. De este modo, se convierte en un pensador independiente y aprende a confiar menos en la opinión de los demás.

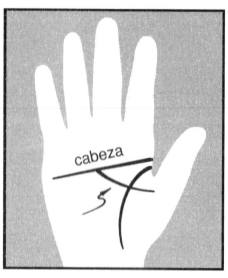

84. Es atravesada por una línea que parte del Pulgar y se detiene en la Línea de la Cabeza.

Alguien en quien confía y admira lo obliga a adoptar su manera de pensar. No permita que nadie aminore su autoimagen. Cuando se sienta manipulado, libérese inmediatamente y fortalezca su estado mental. Ya que tiene una autoimagen vulnerable, debe olvidar los fracasos pasados y comenzar de nuevo, confiando en sí mismo a todo momento.

85. Una línea que sale del Pulgar la cruza y continúa su curso hasta unirse a la Línea del Corazón.

Alguien entrometido, envidioso de su felicidad, esparce un mal rumor para que los demás se vuelvan en su contra. La verdad es evidente, así que no guarde secretos. Arregle todos esos viejos malentendidos. Se interfiere una relación amorosa con una misión especial. No acepte un objetivo falso para impresionar a las personas.

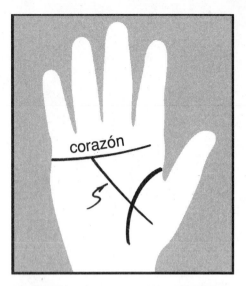

86. De ella sale una ramificación ascendente que se detiene en la Línea del Destino.

Después de años de deliberación hace una decisión final . . . y se libera de condiciones que lo oprimían. Se conecta con su verdadero destino en la Vida por medio de su amistad con alguien que se encuentra en dificultades. Esta persona le ayuda a escoger el camino al éxito. Se restaura su confianza en la vida.

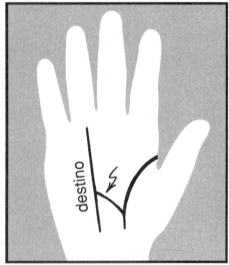

87. Una ramificación que asciende desde la Línea de la Vida avanza paralela a la Línea del Destino.

Los eventos de su vida sucederán siempre de acuerdo a los deseos de los demás. Permite que las personas planeen su vida. Se siente indefenso en su profesión y en su vida sentimental. La vida le está enseñando la dura lección de la paciencia. Siente que la vida avanza y usted se queda atrás. Una vez que empiece a planear su propia vida y a decidir las cosas por si mismo, sus temores desaparecerán.

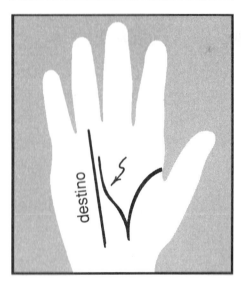

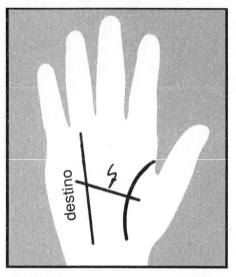

88. Una línea que parte del Pulgar cruza las Líneas de la Vida y del Destino.

Sus adversarios en el mundo de los negocios unen fuerzas y parece que se expresan en su contra. Usted no es una persona común y es tan diferente en tantas maneras, que una persona normal no puede aceptar su individualidad. Para manejar esto, tendrá que hacerles creer que es como ellos hasta que lo acepten.

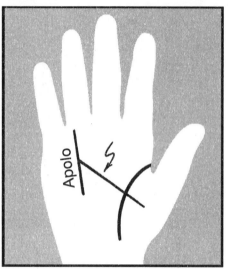

89. Es cortada por una línea procedente del Pulgar que se conecta con la Línea de Apolo.

Un escándalo causado por la ignorancia de los demás penetra profundamente a su conciencia. Dicho escándalo pasará, a todo el mundo se le olvidará, pero para usted los recuerdos aún persisten. Un extraño lo libera de una intriga. No es capaz de guardar un secreto.

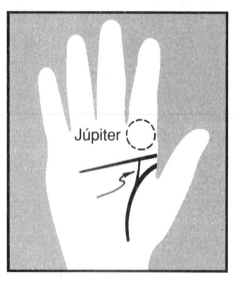

90. De ella se deriva una línea ascendente que se dirige hacia Júpiter pero se detiene en la Línea de la Cabeza.

Busca una nueva oportunidad cuando ya todo está perdido. Si fuera más osado podría obtener grandes cosas. Se empieza aburrir de su carrera. Debería luchar contra esto desarrollando intereses nuevos mediante actividades físicas.

91. Dos pequeñas ramificaciones se derivan de la Línea de la Vida y ascienden hasta conectarse con la Línea de la Cabeza.

Sus padres le dieron un buen inicio a su vida y su infancia fue más feliz que la de la mayoría. Espera este apoyo para siempre. No contará con una herencia si no hasta la última parte de su vida; por ahora tiene que conformarse con lo que tiene. Posee un alto nivel de tolerancia respecto a lo que le incomoda, aunque piense lo contrario.

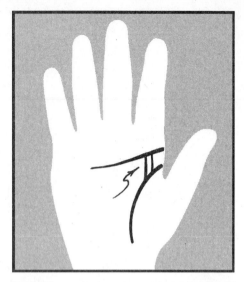

92. Una ramificación ascendente que se origina en la Línea de la Vida, se extiende hasta su Marte inferior.

Se ha puesto en prueba por mucho tiempo. Sus partidarios lo seleccionan como el posible candidato a un puesto importante. Se acaba el sufrimiento y el interminable período de espera. Su deseo de tener la estimación pública es realizado mediante privilegios especiales en la segunda mitad de su vida.

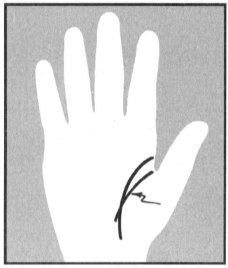

La Línea de Marte

93. La Línea rodea el pulgar por debajo de la Línea de la Vida.

Esta es una gran señal, que le da vitalidad y resistencia frente a la adversidad y enfermedad. Refuerza su Línea de la Vida débil, disminuyendo así el peligro y el mal. Con ella puede afrontar con tranquilidad situaciones riesgosas.

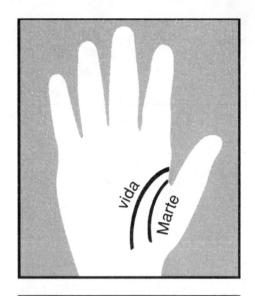

94. La Línea se disipa, pero reaparece más adelante.

Una persona que incide fuertemente en su vida cesa esta influencia por un tiempo. La razón no es revelada. Usted puede ser fuerte permaneciendo solo, pero esto requiere una gran fe en sí mismo. Puede obtener una nueva autosuficiencia. Una vez se asocie nuevamente con la persona que lo guía, se fortalecerá.

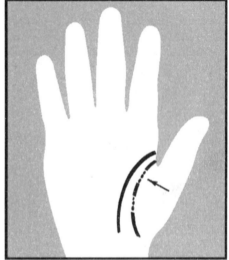

95. La Línea avanza paralela a la Línea de la Vida y luego se desvía hacia la base del pulgar.

Esta señal indica que necesita aferrarse a su vida actual para liberarse por completo del pasado. Haga nuevos amigos, pero no deje de apreciar los que ya tiene. Una persona cercana a usted desea romper este vínculo desde hace mucho tiempo. Sea amable y humilde. Siempre será amado por los que usted ama, sin importar lo que suceda.

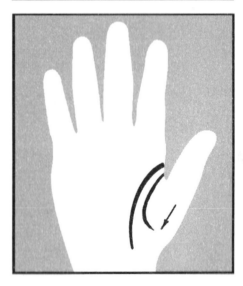

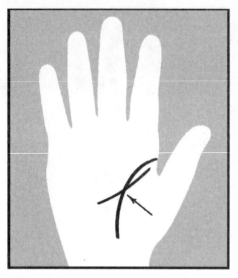

96. La Línea de Marte cruza la Línea de la Vida.

Su vida familiar tiene una atmósfera preocupante. Sus parientes se oponen a sus criterios. La persecución continúa. Ellos lo han presionado y han limitado el desarrollo de su verdadera personalidad. Usted ha perdido la confianza en sí mismo y tiene temor de actuar sólo en el campo de las finanzas. Tiempo valioso se pierde en obsesiones y preocupaciones de cosas que no pueden cambiar. Prepárece para un cambio constructivo y siga a través de él.

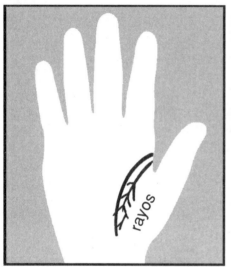

rayos

97. A lo largo de la Línea aparecen numerosas proyecciones.

La palabra que más le gusta oír es "AMOR", especialmente si es repetida día y noche por quien usted ama. El amor es su pan de cada día. Necesita consuelo y afecto constantemente para mantener en lo alto su espíritu. Es una persona anticuada respecto a las relaciones sentimentales, pues sólo consigue la pasión si confía en su pareja un cien por ciento.

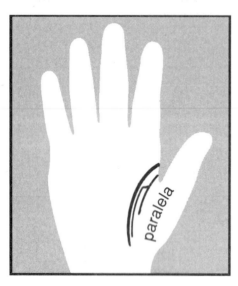

paralela

98. De la Línea de Marte se desprende una paralela a su Línea de la Vida.

Una persona agradable entra en su vida a muy temprana edad y es en parte responsable de la formación de su personalidad. Usted capta sensiblemente el precioso regalo de la vida. Se esfuerza por ser alguien compasivo y amoroso; con el tiempo empieza a adoptar un sentimiento interno de tranquilidad.

99. De ella surgen otras líneas que a su vez se interceptan con la Línea de la Vida.

Podría estar presionado de nuevo y a todo momento por alguien perteneciente a un período difícil de su vida. Hizo algunas cosas caprichosas en su juventud. Esta persona se divierte recordándole su pasado, pero ya no tiene más poder sobre usted; así que puede alejarse y evitar ser perturbado.

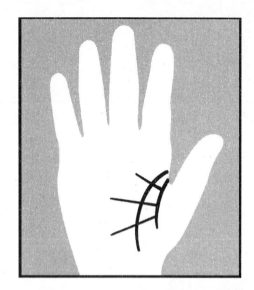

100. De la Línea se origina una ramificación que a su vez va directo y atraviesa la Línea de la Vida.

Un tercero afecta su parte más sensible y trata de separarlo de la persona que ama. Usted se encuentra bajo un aire de sospecha. Es tiempo de hacer la guerra, luche por su vida, por lo que quiere. Restablezca su cercanía con el ser amado y use el exceso de energías para combatir esta persona entrometida.

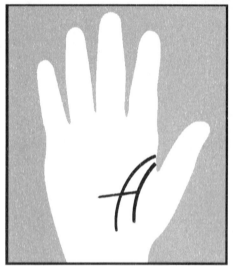

101. De ella sale una ramificación que cruza la Línea de la Vida en dirección del Monte de Marte.

Escuche el consejo de las personas que más conoce. Un leve hábito suyo se podría convertir en una grave adicción. Aclare sus ideas a tiempo, perdonando a los que ama. Libérese de los sentimientos de hostilidad. La confianza con un extraño le soluciona un problema de hace mucho tiempo. Combata la inquietud con ocupaciones.

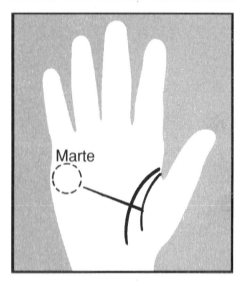

La Línea de la Cabeza

102. La Línea es recta.

Enfrenta los problemas de la vida mediante el juicio sólido de una mente relajada. Sabe como salir adelante frente a las adversidades. Siempre encuentra algo de que reírse mientras los demás se acongojan. Esa vena de convencionalidad que yace en su ser es lo que lo mantiene arriba.

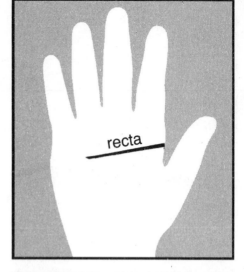

103. La Línea es larga.

Esto representa una excepcional condición económica debido a su raciocinio y cálculo de las cosas. Siempre busca las vías más cortas y eficientes para conseguir lo que quiere. Desea vivir mucho tiempo y hacer todo tan rápido como sea posible. El gran carácter que posee le permite lograr lo que su corazón anhela. A causa de su intensa necesidad de tener el control a todo momento, a veces opaca a sus amigos.

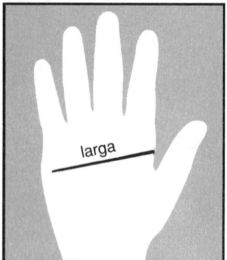

104. La Línea avanza a través de la palma de extremo a extremo.

Tiene una gran inteligencia y sobresale en deliberaciones analíticas. Su mente está dotada para un desarrollo excelente en el comercio, industria o finanzas. Se siente orgulloso de su potencial. Ya que usualmente está "por encima" de los demás, debe evitar aburrirlos con su actitud. Es tentado por prácticas financieras de alto riesgo.

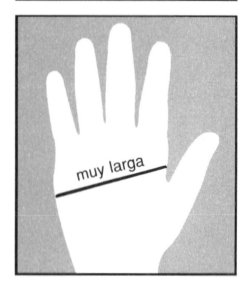

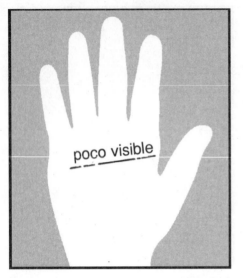

105. La Línea es poco visible.

Sugiere falta de propósito o ambición en este período de su vida. Puede ser un revés temporal. Después de una época de diversión aparece de nuevo en usted un vigor natural. Si se está sintiendo débil y cansado, nada lo descansará más que seguir adelante y alcanzar logros que lo estimulan.

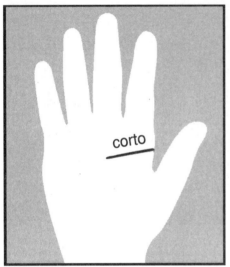

106. La Línea es corta.

Es un animal de costumbres. Respeta lo concreto y tangible. Por fin dejó de considerar sueños imposibles. Le gusta realizar labores del tipo "hágalo usted mismo", antes de empezar su rutina diaria. Necesita realizar esta rutina para adquirir seguridad y reducir la preocupación por el futuro.

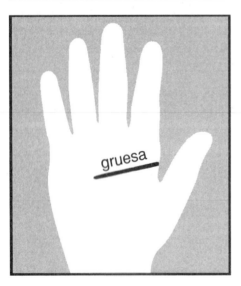

107. La Línea es gruesa.

Es la señal de que no necesita concentrarse al máximo para lograr sus objetivos. Tiene un gran potencial, solamente le hace falta organización. Para corregir su naturaleza desordenada, debería hacer trabajos físicos. Su parte "física" es más fuerte que su parte "mental". Además necesita una vida intensa al aire libre.

108. Está acompañada por una línea paralela.

Esta configuración es poco común, representa buena suerte y una mentalidad dual. Usted tiene un lado extremadamente prudente, el otro es autoconfidente y con gran deseo de dominio sobre los demás. Puede realizar grandes esfuerzos mentales. Una época difícil será solucionada por una herencia que recibirá.

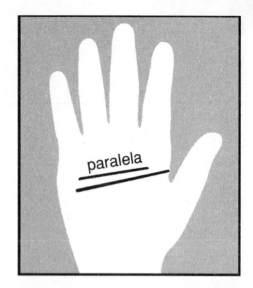

109. La Línea está fraccionada.

Esto indica que ha vivido frecuentemente decepciones amorosas. Estas experiencias lo han llevado a un estado de inestabilidad. Su recuperación llega rápidamente llenando esos vacíos con buenos sentimientos y entablando nuevas amistades.

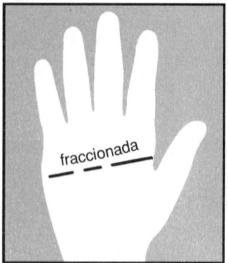

110. La Línea tiene una estructura en forma de escalera.

Su vida carece de estabilidad, a veces es inconstante, pues cambia de actitud caprichosamente. Por lo general se empeña en realizar cosas poco prácticas y sin dirección. Las personas cercanas a usted vigilan todos sus movimientos y esperan una acción decisiva y madura de su parte. Tiene un espíritu salvaje que necesita estar en acción a todo momento.

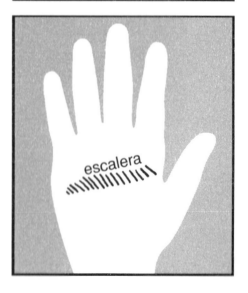

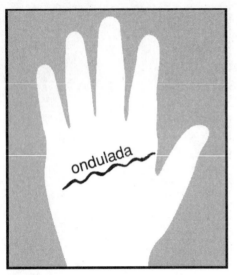

111. La Línea es ondulada e inclinada.

Es obvio que su carácter tiene una parte melancólica. A veces se pregunta si tuvo un día completamente feliz en la vida. Es normal que mientras los demás están tranquilos, usted esté sufriendo. Se ha dado cuenta que no le importa estar solo, así que no gasta el tiempo consiguiendo amigos.

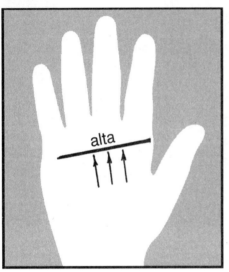

112. La Línea se encuentra en la parte alta de su palma.

Desarrolla un propósito fijo muy importante. Se ciñe a sus decisiones para alcanzar un objetivo que mantiene en secreto. Controla deliberadamente sus afectos y no permite que las relaciones amorosas interrumpan su camino al éxito. No siempre puede realizar grandes esfuerzos intelectuales, pero si tiene una naturaleza apasionada para hacer las cosas.

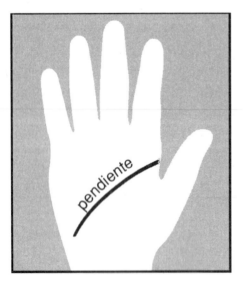

113. La Línea es larga y tiene una leve pendiente.

Está previsto para todos los asuntos prácticos de la vida. Es consciente de su alto progreso intelectual, buena memoria y poder de visualización. Se esfuerza continuamente para mejorar a sí mismo. A todo momento siente que debería estar aprendiendo algo nuevo.

114. Su Línea de la Cabeza es eslabonada.

No ha alcanzado su madurez completa, pero se siente maduro, aunque tiene aún mucho trabajo por delante. A veces necesita ser impulsado y comprometido para poder avanzar. Si abriga un espíritu más generoso hacia los demás, crecerá internamente más pronto.

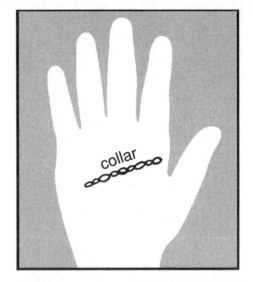

115. La Línea se levanta al final en dirección del Monte de Mercurio.

Es una persona muy precisa, que le interesa mucho lo externo. Tiene el talento de expresar su burla e insatisfacción mediante una sutil imitación. Es agresivo pero disimula. Usa la mímica como medio de protección.

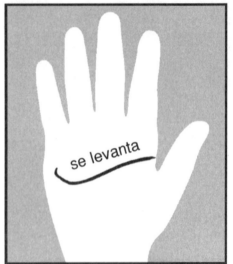

116. De ella se deriva otra línea que desciende en dirección del Monte de la Luna.

No siempre es una persona de fiar para guardar un secreto, lo más probable es que rompa el silencio. Alguna fuerza superior lo obliga a "contarlo todo". Tiene una naturaleza de acomodo, por eso los demás lo ven como un perezoso. Busca alguien en quien confiar, amable y humilde.

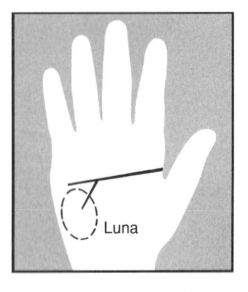

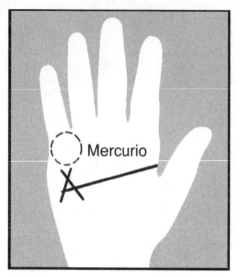

117. La Línea tiene un triángulo justo bajo Mercurio.

Es una persona cuidadosa y diligente, que con esmero averigua el significado de todas las cosas. Se satisface descifrando los misterios de la vida y formando acertijos con ellos. Su propósito es descubrir nuevos hechos e interpretarlos para hacer un mundo mejor. En realidad podría ser un gran científico.

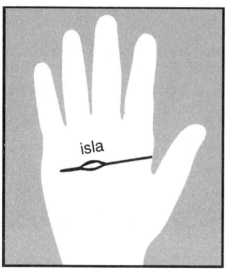

118. La Línea tiene una isla.

Podría ser un trabajador obsesivo. Algo hace que usted trabaje tan duro y tanto tiempo, casi hasta el agotamiento. Tiende a trabajar en estado de emoción o confusión. No sabe en que momento está exagerando la actividad laboral, pero si siente las consecuencias posteriormente.

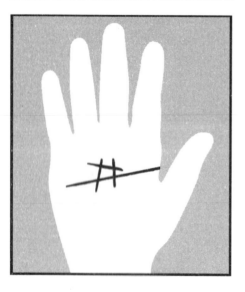

119. En la Línea aparece un cuadrado.

Su intuición lo salva de una serie de desgracias. El cuadrado lo protege de los resultados negativos producto de futuros problemas, pero no lo protege de enfrentarlos inicialmente. Atrae la mala fortuna porque está acostumbrado a ella; sin embargo, es tiempo de cambiar esa mentalidad y aceptar la llegada de la buena suerte.

120. La Línea se arquea hacia el Monte de Júpiter, luego tiende a recuperar su dirección.

Realiza lo que se propone, porque nunca da un "no" por respuesta. Se dirige hacia adelante obstinadamente. Se ha propuesto una meta muy alta. Es muy fuerte y no puede ser vencido por cualquiera.

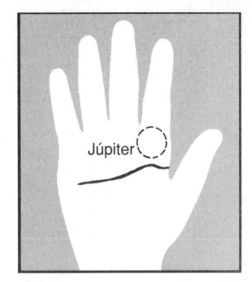

121. La Línea se desvía bajo Saturno.

Su mundo mental es Saturniano. Se sumerge en libros y reflexiones. Su estudio lo aleja de la realidad diaria, la cual ve como melancólica y desesperante. Busca sabiduría y pronto buscará una solución particular para su felicidad.

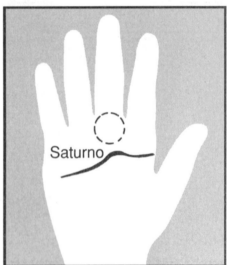

122. La Línea se desvía hacia Apolo.

Esto significa que adopta el mundo mental del Apoloniano. Nunca teme aclarar sus ideas. Si adopta una mayor disciplina evitará conflictos. Tiende a decir lo que se le viene a la cabeza sin previo análisis. Debe ser más reservado y aprender a relajarse más. Sabe lo que quiere pero se deja desmotivar fácilmente.

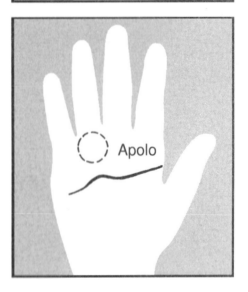

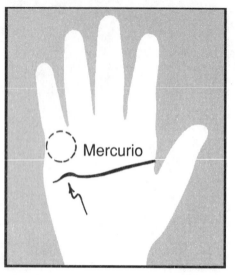

123. La Línea se desvía bajo Mercurio.

Se inclina fuertemente a la mentalidad Mercuriana. Es un pensador astuto y un juez sabio del carácter. Su energía es casi interminable. Tiene la capacidad de comprender y retener las cosas más fácilmente que la mayoría. Es un maestro en el arte de decir lo correcto en el momento indicado.

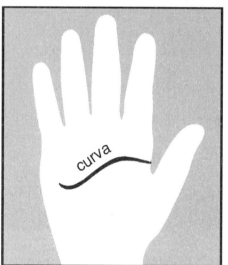

124. La Línea tiene forma de "S".

Su lado práctico y su lado imaginativo están en conflicto. Su conciencia lo forza a ser práctico y lucha por adelantarse a su imaginación creativa. No desea emplear el tiempo en un nuevo pasatiempo, que es exactamente lo que necesita para que su cuerpo se recupere y se colme de energía.

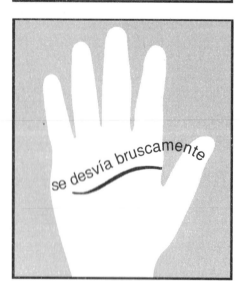

125. La Línea se desvía en forma corta y brusca.

Está presionado por una tensión inusual, de la que se liberará a través de una acción práctica y un cambio de mentalidad. La mala experiencia que lo agobia terminará siendo un recuerdo vago; se hará más sabio y aprenderá a vivir mejor. Usted tiene la capacidad de no tener reacciones fuertes y así evita trastornar su cuerpo.

126. La Línea es ondulada.

Usted es vulnerable, fluctuante y se irrita fácilmente. Ultimamente, encuentra difícil decidir, y después se lamenta de haber hecho la elección equivocada. Para tener éxito debe tener más firmeza consigo mismo. No deje que nadie tenga que ver con sus decisiones. Sea resuelto (así sea fingidamente) y verá que los demás empezarán a tener en cuenta lo que dice y hace.

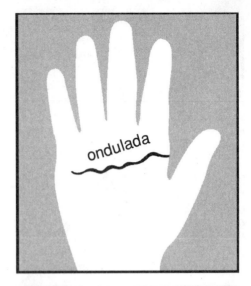

127. La parte final de la Línea tiene la forma de tenedor pequeño.

Significa que tiene el "don de hablar" y una gran perspicacia respecto al pensamiento racional. Su aptitud para usar y entender las palabras le da una gran ventaja para ejercer el derecho. Como un orador persuasivo, puede explicar su paso a través de la vida. Mira los problemas desde diferentes puntos de vista, lo cual lo hace un juez justo.

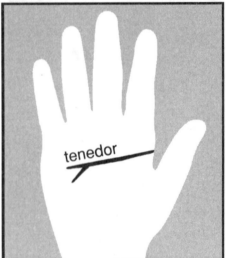

128. La parte final de la Línea tiene la forma de un tenedor ancho.

Es capaz de ver las dos caras de la moneda honestamente antes de hacer un juicio. Su personalidad tiene vigor extra a causa de esta cualidad dual o de pensamiento racional y práctico. Detesta la poca objetividad. Es llamado para actuar en el teatro. Esta marca es frecuentemente encontrada en las manos de los comediantes.

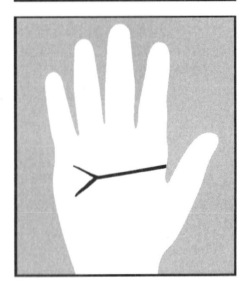

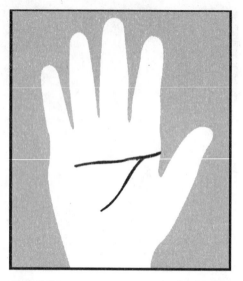

129. La Línea se empieza a dividir desde el comienzo.

Tiene una naturaleza dual, pues cambia de introvertido a extrovertido. Podría fingir ser desde un religioso fanático hasta un agnóstico amargado. Experimenta dos vidas—una junto a Dios y otra en contra de él—. Asume dos formas de conversación, que alterna de acuerdo a la ocasión: una violenta y otra pasiva.

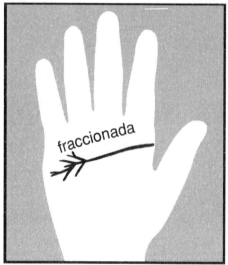

130. La Línea se fracciona al final.

Es versátil y se adapta a cualquier situación de la vida como un camaleón. Normalmente no le interesa moverse del lugar donde está y se siente bien en lugares extraños. Es un luchador, y si no tiene algo por que luchar, se vuelve en contra de sí mismo. Sus objetivos se bloquean a causa de su demora en hacer las cosas.

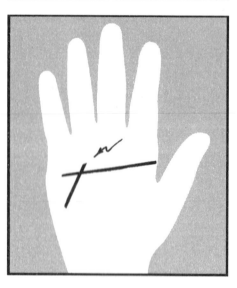

131. Es interrumpida al final por una línea inclinada.

Esta señal significa que no ha tenido sinceridad consigo mismo. No se mira objetivamente. Los demás se burlan de usted, pues toman por sumisión su humildad y tranquilidad. No degrade sus habilidades, pues puede aún sobresalir en lo que quiera.

132. *Se une a una línea que se origina en Júpiter.*

Su mente está llena de ideas ambiciosas. Trabaja duro por lo que quiere. Una vez que cree en algo, nada lo distrae. Quiere ver su nombre en lo alto. Si lo permite, los asuntos amorosos podrían destruir sus ganancias comerciales.

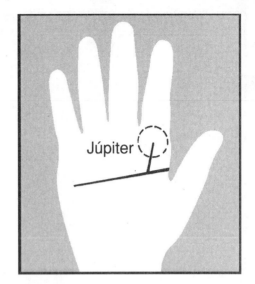

133. *Una línea sale bajo Saturno y se une a la Línea de la Cabeza.*

Su perfil es Saturniano: se preocupa por los demás, a veces perezoso, cuidadoso y cínico. Sus atributos son la sabiduría y el entendimiento de la naturaleza humana. Es estudioso y preciso. Se reserva la mayor parte de sus opiniones, porque piensa que nada de lo que haga o diga puede cambiar el mundo.

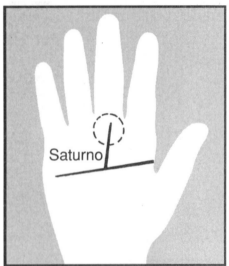

134. *La Línea tiene una ramificación que procede del Monte de Apolo.*

Su talento creativo, literario y artístico está pronto a llevarlo a la fama y a darle la compensación monetaria que tanto espera. El éxito llega en el momento en que se involucra en forma práctica con su arte.

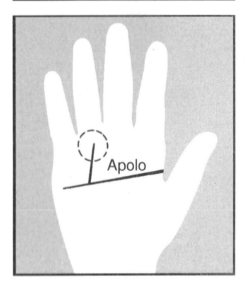

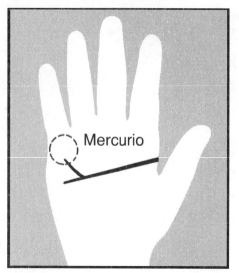

135. Una línea procedente de Mercurio se une a la Línea de la Cabeza.

Sus ideas son guiadas por Mercurio. Le fascina realizar las cosas por el método científico y por eso lo usa en su trabajo. Hace cálculos en sus negocios para obtener ventaja y mediante ensayos sabe lo que tiene que decir en forma precisa. Es intuitivo. Reacciona ante los demás de la misma manera en que es tratado.

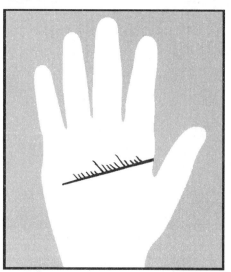

136. De ella surgen numerosas líneas ascendentes.

Está constantemente aspirando superar su estatus actual y mejorar personal y socialmente. Es receptivo respecto a las sugerencias que se relacionen con el perfeccionamiento de su vida. Con el tiempo recibirá muchas derrotas, pero no disminuirán su probabilidad de éxito.

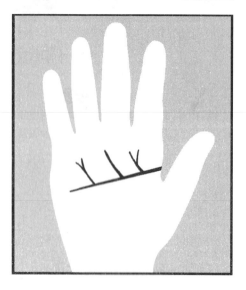

137. De la Línea surgen ramificaciones gruesas y ascendentes.

Esto indica que su mente está en estado de confusión debido a muchas situaciones que lo han tomado por sorpresa. Los demás se meten en su vida dándole consejos inútiles. Sus ideas podrían no ser lo suficientemente consistentes. Libérese de todas las personas inoportunas que lo asedian.

138. *De la Línea se originan ramificaciones pequeñas y descendentes.*

Pierde la motivación fácilmente y no lucha por la vida con todo el vigor que lleva por dentro. Está convencido que tiene mala suerte. Se agota principalmente por la tensión y la falta de ánimo en su rutina diaria.

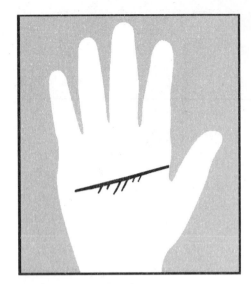

139. *De ella se deriva una línea corta y descendente.*

En su vida es muy importante que desarrolle su capacidad de imaginación. A través de la imaginación en una estrategia de negocios. podría prosperar lo suficiente para que se pueda dar el muy deseado tiempo de descanso. En la última parte de su vida desarrollará un talento nuevo y beneficioso.

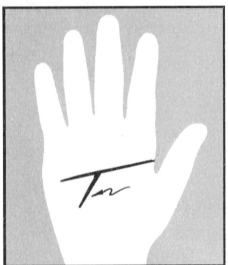

140. *La Línea empieza en el Monte de Júpiter y sigue un curso normal.*

Usualmente sus pensamientos son reflexivos. Analiza sus acciones. Es adepto a manejar personas de todas las edades. Es un orador convincente y tiene vena de líder. Los demás confían en usted para que los guíe, pues perciben su fortaleza de espíritu.

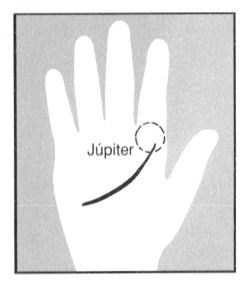

Júpiter

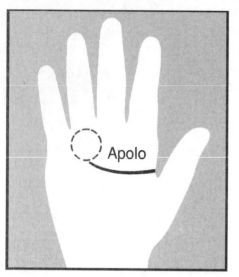

141. La Línea se curva hacia su Monte de Apolo.

Apolo, que influencia fuertemente sus acciones, puede traerle celebridad y fortuna—la elección es suya—. Apolo es el representante de las artes, por eso usted tiene preferencia por la literatura y la música. También es el tipo de persona apta para el espectáculo . . . su sonrisa hace brillar a los demás y su alegría es contagiosa.

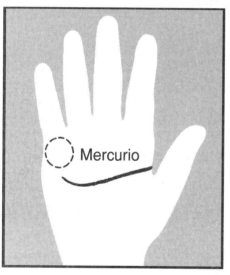

142. La Línea se inclina hacia Mercurio.

Su vida es inspirada por una fuerza llamada Mercurio, que lo guía a visualizar la ciencia, los negocios, responsabilidades y vida matrimonial. Usted es en realidad un materialista. Actúa con destreza e interminable energía. Es curioso intelectualmente y con ello busca obtener mucho dinero; de hecho, tiene mucho talento para conseguirlo. Se sacrifica demasiado por conseguir riqueza.

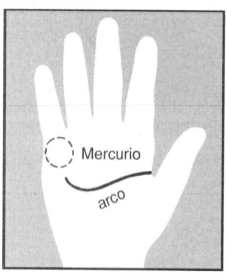

143. La Línea se arquea hacia el Monte de Mercurio.

Esto indica que a medida que el tiempo pasa es mayor su interés por el dinero y bienes materiales. Cada año se incrementa su deseo por comodidad y riqueza, y por ello se siente presionado. Su firmeza sobre las cosas lo hace triunfar. Debería disfrutar más de su juventud, ya que podría ser el precio que ha de pagar para conseguir lo que quiere.

144. La Línea termina sobre el Monte superior de Marte.

Su personalidad se rige por el sentido común. Tiene un puñado de soluciones prácticas para los problemas diarios. Es un observador cuidadoso. Puede disfrutar del placer junto con los demás, sin envidiar la felicidad de nadie.

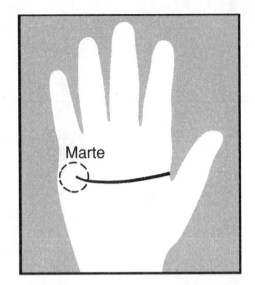

145. La Línea se inclina gradualmente hacia el Monte de la Luna.

Esto revela su mente creativa y artística. Su gran potencial imaginativo atrae admiradores condescendientes con usted. Es autosuficiente, metódico y organizado. Puede dar discursos o escribir ficción y poesía.

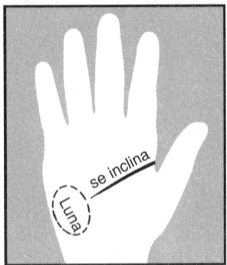

146. Después que la Línea ha cruzado el plano de Marte, se dirige al Monte de la Luna.

Utiliza algo de su juicio sensato para visualizar el mundo artística e idealmente. Sus fantasías lo apartan de la realidad. Su imaginación extravagante y sin límites lo lleva en ocasiones a peligrosas aventuras.

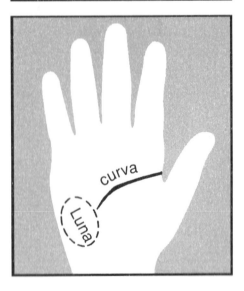

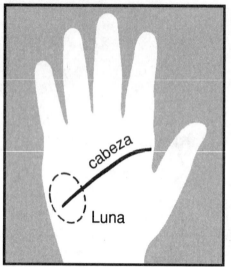

147. La Línea se proyecta sobre el Monte de la Luna.

Tiene inclinación hacia el misticismo. Lo intrigan los documentos ocultos. Se pierde a sí mismo en lo mágico de lo "inexplicable". Sueña con convertirse en un místico o un psíquico. Una vez que comience a explorar este campo, descubrirá que en realidad tiene grandes poderes psíquicos.

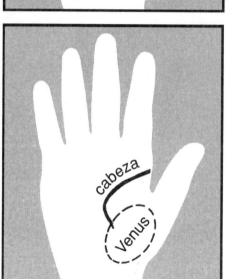

148. La Línea se curva y finaliza sobre el Monte de Venus.

Esta señal es rara. Su mente es influenciada por ideas venusinas. Significa que está lleno de simpatía y amor. Inspira amor en los demás. Su energía atrae continuamente el sexo opuesto. Se presenta una época difícil que lo restringe.

La Línea de la Cabeza unida a la Línea de la Vida

149. La Línea de la Cabeza se une a la Línea de la Vida, justo bajo Júpiter.

Es una persona altamente desarrollada y sensible, con la tendencia a tener un deficiente autocontrol. Usualmente se subestima y no se recompensa a sí mismo por un trabajo bien hecho. Se involucra en situaciones muy incómodas y no sale de ellas por cierto miedo que lo invade.

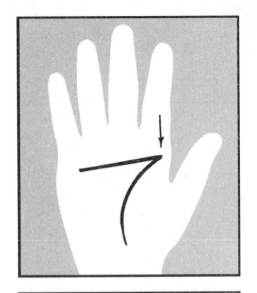

150. La Línea de la Cabeza está unida á la Línea de la Vida, avanza a través de la palma y se detiene en el Monte de Marte.

Esto implica que se sobresalta por las ofensas debido a su alta sensibilidad. Para compensar esto, esconde sus verdaderos sentimientos y se presenta de otra manera ante los demás, haciéndoles creer que es dominante.

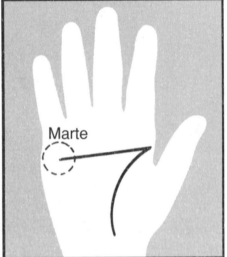

151. La Línea de la Cabeza se une a la Línea de la Vida, atraviesa la palma y pasa sobre el Monte de Marte.

Esto muestra que es una persona mentalmente fuerte y determinada. A causa de que las líneas se unen al comienzo, usted está por debajo de todo lo sensible y serio de cualquier crítica. La longitud de la línea de la Cabeza indica que puede disimular fácilmente sus debilidades. Su sentido del deber lo obliga a sacrificarse por las cosas.

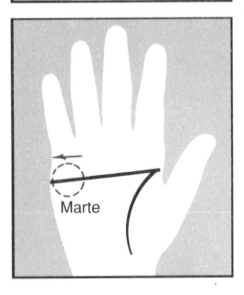

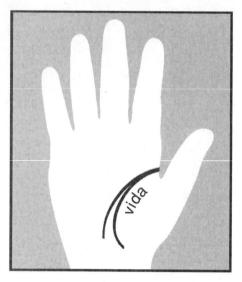

152. La Línea de la Cabeza se une al comienzo con la Línea de la Vida, se curva y posteriormente sigue su mismo curso.

Esta configuración se encuentra normalmente en las manos de artistas y personas que aprecian o entienden las artes. Si no ha desarrollado algún talento artístico en su totalidad, definitivamente debería hacerlo; de esta forma contrarrestará un lado oscuro que tiene su consciencia.

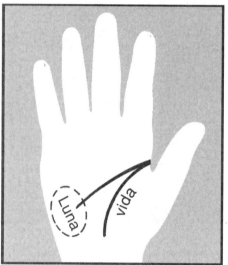

153. La Línea de la Cabeza se une al comienzo con la Línea de la Vida y finaliza sobre el Monte de la Luna.

Esta es la marca particular de las personas que ejercitan control sobre sus emociones. A menudo es inhibido, incapaz de expresar a los demás lo que realmente quiere. Retiene sentimientos por largos períodos, pero luego se libera de ellos repentinamente.

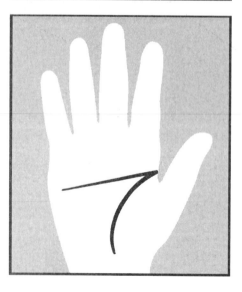

154. Las Líneas de la Cabeza y de la Vida se separan inmediatamente después de empezar con un mismo origen.

Esto muestra un elemento de precaución en su personalidad. Procede cautelosamente al tratar con los demás y es reservado. Acostumbra probar el comportamiento de las personas. No le gusta tener personas muy cerca y es muy sensible cuando otros entran en su "espacio privado". Es vulnerable ante la maldad de la gente. Es aconsejable que se mantenga lejos de aquellos con los que no se sienta seguro.

155. Las Líneas de la Cabeza y de la Vida empiezan como una sola línea, que se divide después de atravesar el plano de Marte.

Sus amigos lo consideran una persona extremadamente cautelosa y reservada. Hay un elemento de recelo en su personalidad, que usa a veces como mecanismo de protección para ocultar sus puntos débiles.

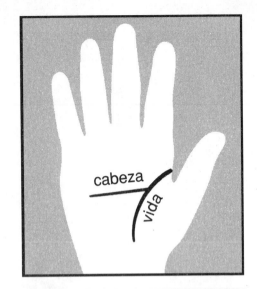

156. La Línea de la Cabeza se separa de La Línea de la Vida justo en la mitad de esta última.

Solo desarrollará sus ideas independientemente hasta que se encuentre en una buena situación. Pensar autónomamente ahora, significaría romper con sus parientes y amigos que han forjado su vida hasta el momento. No importa que tan controlado se sienta, aún los necesita; pero está destinado a valerse por si mismo tarde o temprano.

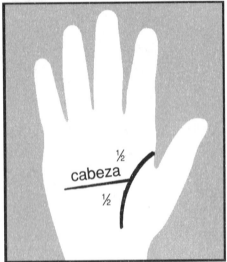

157. Las Líneas de la Cabeza y de la Vida se unen en la parte alta de la palma y por debajo del dedo índice.

Es un pensador abstracto y sutil. Le gusta jugar con el arreglo lógico de las cosas. Es rápido para entender conceptos nuevos y está por delante de personas mayores. Con su gran ingenio y buen sentido del humor, podría ser un excelente profesor.

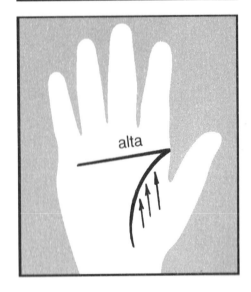

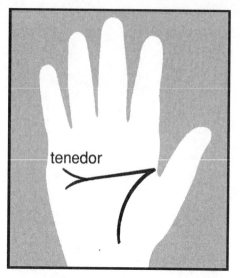

tenedor

158. La Línea de la Cabeza, que al comienzo se une con la Línea de la Vida, finaliza en forma de tenedor.

Esta marca en forma de tenedor simboliza una falta de habilidad para decidir rápidamente. Busca el equilibrio entre ser práctico o imaginativo. Retrasa su reacción ante las cosas a causa de su naturaleza indecisa. Cuando está en duda, actúa de acuerdo al primer impulso. Desperdicia tiempo importante analizando la naturaleza del problema que enfrenta.

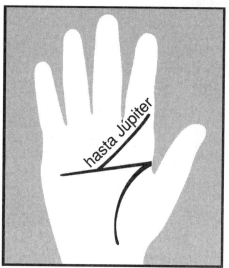

hasta Júpiter

159. La Línea de la Cabeza surge de la Línea de la vida y deriva una ramificación que se extiende hasta Júpiter.

Lo gobierna la ambición de ser una gran persona. Disfruta explicando las cosas a los demás y es un líder por naturaleza. Algunos de sus amigos admiran su seguridad y otros lo encuentran aburrido. Sus intereses están fuera de lo normal.

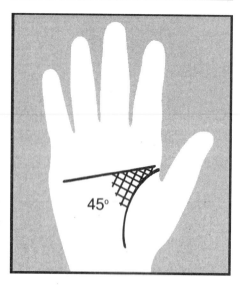

45°

160. El ángulo formado bajo el índice por las Líneas de la Cabeza y de la Vida es claro, agudo y menor de 45 grados.

Nació con una disposición honesta y amable. Por naturaleza es noble. . . un amigo para todo. A veces influye en las personas para que sean como usted. Algunos no aprecian su condición altruista.

161. El ángulo formado por el encuentro de las Líneas de la Cabeza y de la Vida es mayor de 45 grados.

Pasará un tiempo difícil tratando de entender lo que los demás quieren y esperan de usted. Por consiguiente, aunque se esfuerce, no le es fácil comprenderlos. Usualmente no es capaz de ubicarse a sí mismo en la posición de otra persona para entender su punto de vista.

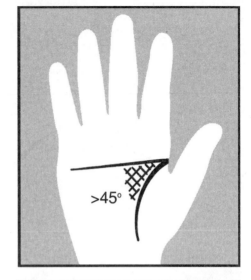

162. La Línea de la Cabeza comienza en forma de un pequeño tenedor.

Es una persona escrupulosa y ama lo correcto. Cree en el castigo, cuando es justificado. Una vez que da su palabra no se retracta jamás. Le gusta ser productivo y odia la holgazanería.

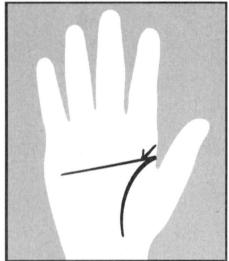

163. La Línea de la Cabeza tiene dos ramificaciones descendentes al comienzo de su curso.

Está dado a cambios frecuentes de mentalidad sin ninguna causa razonable. No sabe por qué es tan sorprendentemente variable. Con el tiempo será beneficiado por la riqueza de sus padres, pero no se siente a esperar, pues no sabe en que momento sucederá esto.

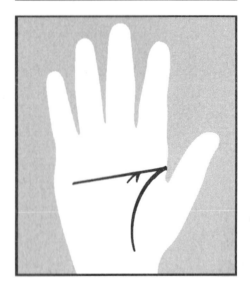

La Línea de la Cabeza separada de la Línea de la Vida

164. Las Líneas de la Cabeza y de la Vida no se unen, pero están conectadas por ramificaciones y cruces.

Le gustan toda clase de chistes. Sin el humor y una sonrisa cordial cada día, siente que no valdría la pena vivir. Le encanta hacer bromas, y se ofende fácilmente cuando éstas van dirigidas hacia usted, lo cual es natural, pues es muy sensible.

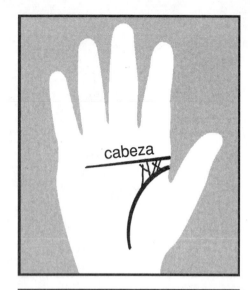

165. Las Líneas de la Cabeza y de la Vida están separadas al comienzo por un espacio bastante angosto.

Le gusta estar en actividad y tiene gran iniciativa. No le teme a la crítica. Es valiente y posee suficiente ingenio para escapar del verdadero peligro. Piensa independientemente y es capaz de tomar decisiones rápidas. Con su fortaleza física y su habilidad mental está un pie adelante de los demás en cualquier situación.

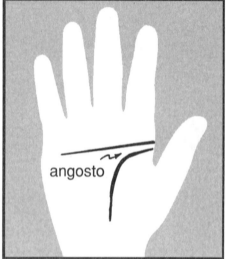

166. La Línea de la Cabeza está separada de la Línea de la Vida por un espacio moderado.

En ocasiones es alegre y deja fluir sus fantasías. A veces deja que la ira se acumule hasta el límite. Esta hostilidad puede desarrollar otras sensaciones, tales como temor y tristeza, que posteriormente lo abatirán.

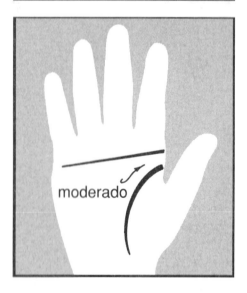

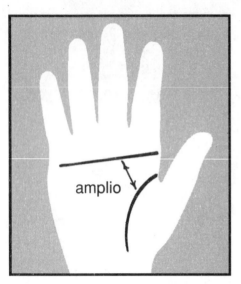

167. Las Líneas de la Cabeza y de la Vida se separan ampliamente desde el comienzo.

Esta es la indicación de una actitud imprudente. Es muy obstinado. Su naturaleza inquieta puede llevarlo a situaciones riesgosas. No procede cautelosamente con aquellos que le dan ternura. Usualmente tiene oleajes de energía y sentimientos que le hacen difícil tomar decisiones sabias.

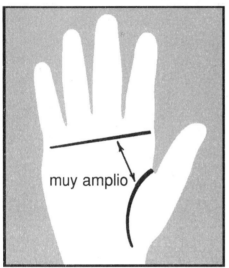

168. La distancia entre las Líneas de la Cabeza y de la Vida es excesivamente amplia.

Esta es la señal de una naturaleza frenética, apasionada y apresurada. El desorden que le ocasiona infinitos problemas puede ser corregido mediante un planeamiento disciplinado. Se desanima fácilmente porque no cree que tiene la fortaleza interna para terminar lo que ha empezado. La tensión puede causarle pérdida de confianza. Tiene un enorme potencial de habilidades que no han sido exploradas.

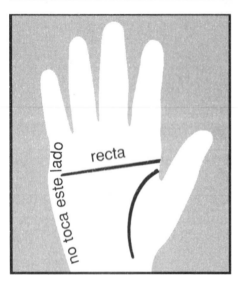

169. La Línea de la Cabeza se extiende directamente a través de la palma y no toca La Línea de la Vida.

Ejerce un poder inmenso sobre los demás. Esta habilidad se desarrollaría completamente si entrara a la vida pública. Posee una gran agilidad mental y logra inmediatamente lo que quiere. Por encima de todo, debe tener un propósito claro en la vida. Sin un objetivo, usted es como un barco que se encuentra a la deriva en el mar.

170. La Línea de la Cabeza está separada de la Línea de la Vida y se dirige hacia el Monte de Marte.

Es un líder nato. Disfruta organizando reuniones. Sacrificaría todo (familia, amigos, etc.) por cumplir con su deber frente a la sociedad, la que usted considera una masa de ignorancia y por la que está dispuesto ha hacer algo al respecto.

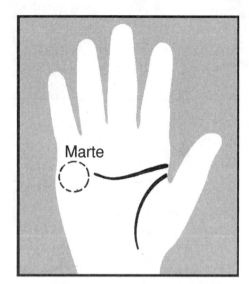

171. La Línea de la Cabeza está separada de la Línea de la Vida y se declina hacia la base de la mano.

Le gusta trabajar duro, pero sólo cuando está de buen humor. Cuando se encuentra bien lucha y se motiva a sí mismo para realizar las cosas. Heredó una brillante imaginación y a menudo olvida que "vida" significa "acción".

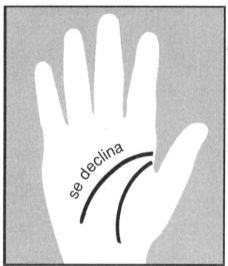

172. La Línea de la Cabeza empieza por debajo de la Línea de la Vida y atraviesa la palma.

Es bastante sensible, por eso la más leve perturbación puede a veces desencadenar un acto emocional inesperado. Posteriormente, con perspicacia, superará en gran parte esta vulnerabilidad. Siente que lo tratan injustamente, pero esto en realidad es más producto de su imaginación.

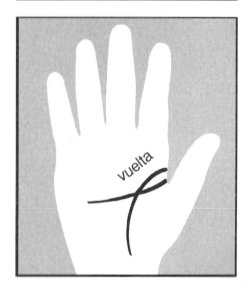

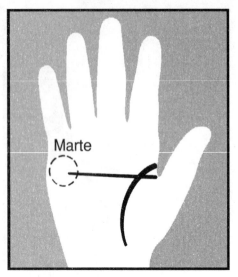

173. La Línea de la Cabeza se origina bajo su Línea de la Vida y luego atraviesa la palma en dirección del Monte de Marte.

Esto significa que tiene la influencia mental de Marte. A través de Marte adquiere la fortaleza para luchar por lo que cree y para recuperarse fácilmente después de una derrota. Aunque puede sentirse tímido e indispuesto para enfrentar desafíos, esta influencia también le dará valentía para superar en gran parte cualquier debilidad.

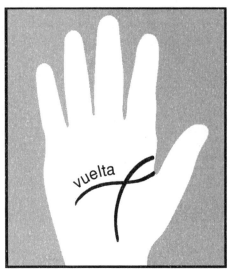

174. La Línea de la Cabeza se origina bajo la Línea de la Vida y luego se curva hacia abajo.

Esto indica que tiende a ser demasiado cauteloso. El resultado es que en ocasiones se intimida a sí mismo. En el fondo es bastante sensible. Empieza a realizar todo de un momento a otro y se apresura a realizar cosas que después lamentará. No confía en su capacidad mental, que de hecho es el antídoto natural para superar sus debilidades.

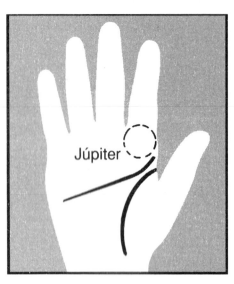

175. La Línea de la Cabeza comienza con una curva alrededor de la base del Monte de Júpiter, pero no se une a la Línea de la Vida.

Ha sido dotado de una gran inteligencia y un poder de raciocinio superior. Se ve a sí mismo como lo máximo. Aunque su orgullo es justificable, debe empezar a ser más humilde en la vida.

176. Hay una barra que une las Líneas de la Cabeza y del Corazón.

El amor y el sentimentalismo son la fuerza que lo impulsa a seguir adelante. Dedica mucho de su tiempo a los demás, pues su alma es altruista. Tenga cuidado en ofrecer su generosidad a la persona indicada.

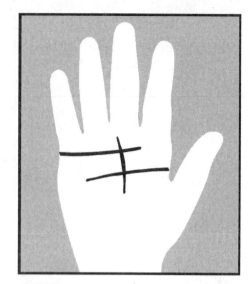

177. Una ramificación ascendente que sale de la Línea de la Cabeza se une con la Línea del Corazón.

Es una persona fría en afecto cuando encara un romance. Este patrón que lo domina respecto al amor sirve para que sus sentimientos no sean heridos. La Línea de la Cabeza le da la capacidad mental para solucionar esta clase de obstáculos mediante el razonamiento.

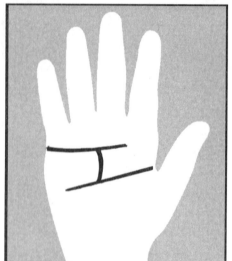

178. Hay un espacio pequeño y uniforme entre las Líneas de la Cabeza y del Corazón.

Podría relajarse más en la vida si no se amargara tanto por lo que pierde. Ha perdido mucho y tiene miedo de ofrecer algo de nuevo, pues siente que es muy poco lo que le queda. Si pudiera idear la manera de evitar que todo esto vuelva a suceder y dejar de pensar en el pasado, abriría el camino para comenzar a recibir.

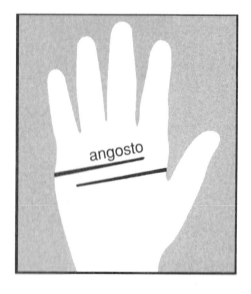

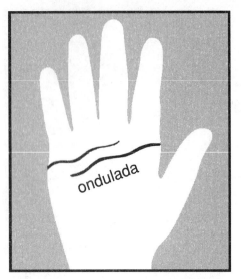

179. El espacio entre las Líneas de la Cabeza y del Corazón es angosto e irregular.

Sin darse cuenta, sus pensamientos se enfocan repentinamente en sus penas y tensiones. Se preocupa demasiado por su salud y bienestar. En este tiempo se vuelve más sensible con lo que lo rodea; siente más y sufre más. Pierde el apoyo de los demás y no tiene un refugio seguro.

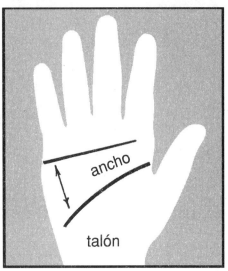

180. El espacio entre las Líneas del Corazón y de la Cabeza es ancho y aumenta hacia la base de la mano.

Esta configuración significa que a medida que pasa el tiempo es más agradecido y generoso. Su dedicación a los demás y al bienestar del necesitado se convierte en una gran preocupación en su vejez.

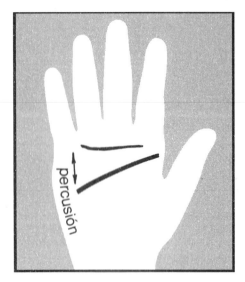

181. El espacio entre las Líneas de la Cabeza y del Corazón es más ancho en el lado de percusión de la mano.

Tiene una mente y un cuerpo saludables y si mantiene regularmente hábitos buenos permanecerá libre de problemas en la vida. Cree en la honestidad y no le agrada la mentira. Si alguien le miente tan sólo una vez, lo aparta para siempre.

182. El espacio entre las Líneas de la Cabeza y el Corazón se ensancha frente al Monte de Júpiter.

Los demás lo ven como alguien diferente. No es una persona corriente. Permanezca orgulloso de las muchas cosas que lo hacen distinto y no se altere por lo que puedan pensar de usted. Gracias a esta peculiaridad, su genio y talento crecen con firmeza, además, mantiene buena reputación y éxito profesional.

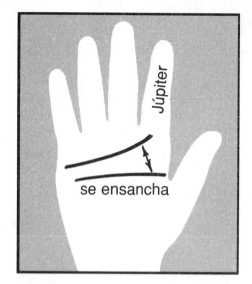

183. El espacio entre las Líneas de la Cabeza y del Corazón tiene forma de rectángulo.

Es dotado de una disposición ante la igualdad. Esto lo hace un juez justo en situaciones críticas. Además, posee un gran equilibrio de sus movimientos corporales que lo hacen capaz de ser un gran bailarín o atleta. Es seguro de sí mismo y le gusta ser visto dondequiera que va.

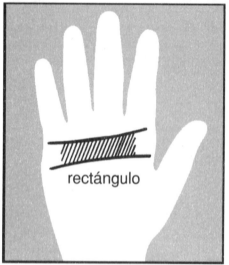

184. El espacio entre las Líneas de la Cabeza y del Corazón tiene áreas anchas y angostas; las dos Líneas atraviesan la palma y se acercan entre si a medio curso.

Dependiendo de su mentalidad, puede ser abierto y cariñoso o reacio y vengativo. En sólo un momento puede cambiar de ánimo a desaliento. Los dos lados de su personalidad son muy fuertes. Podría emplear mucho de su tiempo alternando con sus amigos.

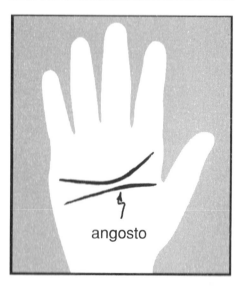

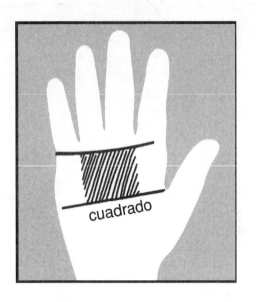

cuadrado

185. El espacio entre las Líneas del Corazón y de la Cabeza da la forma de un cuadrado casi perfecto.

Es de mentalidad fuerte y no le gusta ser restringido. Confía en sus instintos, no en las personas. Siempre insiste en averiguar todas las verdades sobre sí mismo. Tiene sangre de aventurero. Estará en los lugares que los demás temen. Presenta una actitud osada frente a la vida.

La Línea del Corazón

186. La Línea es excepcionalmente larga.

Es profundamente apasionado y sabe bien como disimular esta actitud. Se contagia con las dificultades y sufrimientos de los demás, casi como si todo le sucediera a usted mismo. Su buen corazón atrae personas menos afortunadas que necesitan su apoyo. Puede ayudar, pero debe aprender a no tomar tan a pecho los problemas ajenos.

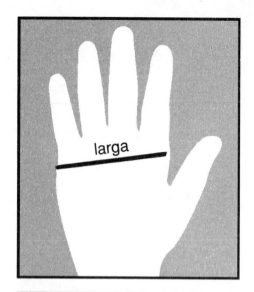

187. La Línea aparece en la parte baja de la palma, casi tocando la Línea de la Cabeza.

Su cordialidad hace que se aprovechen de usted. Triunfará cuando aprenda a pensar por sí mismo ante los problemas. Evite que los demás sepan de ellos, pues esto en realidad tiende a afectarlo más. A veces permite que se agraven tanto situaciones difíciles, que se bloquea su raciocinio y lógica.

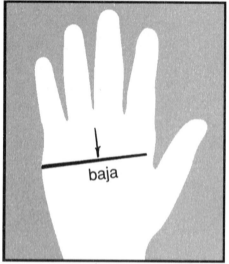

188. La Línea se ubica en la parte superior de la palma.

Gobierna sus relaciones amorosas con una estricta cautela. Jura no tener problemas en el amor y calcula cada movimiento antes de avanzar. Su mente es investigativa, activa y alerta. Debería despojarse de las ideas viejas y negativas para encarar actitudes más realistas.

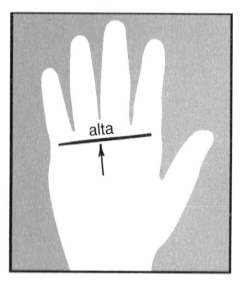

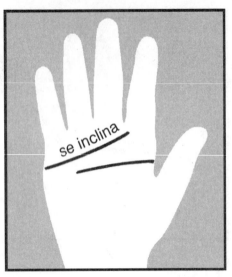

189. La Línea se inclina hacia la Línea de la Cabeza.

Su mente domina los sentimientos del corazón. Cuando tiene que elegir por continuar con un momento romántico o resolver un negocio pendiente, escoge este último. Este enfrentamiento entre el corazón y la razón seguirá hasta que aprenda el arte de disfrutar de la vida.

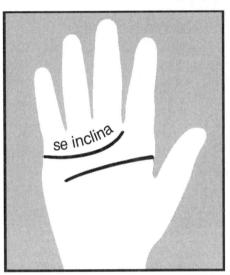

190. La Línea del Corazón se inclina hacia la Línea de la Vida.

Ha tenido la difícil tarea de superar algunas experiencias desagradables del pasado. De alguna forma debe estar agradecido con ellas, ya que le dan la capacidad de hacer frente al ritmo incierto de la vida actual. Sus ideales cambiarán drásticamente con el paso de los años.

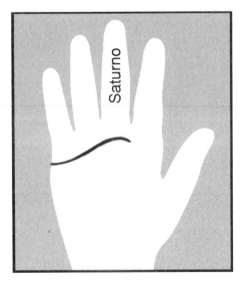

191. La Línea se desvía hacia Saturno.

Es fuertemente atraído por los saturnianos, que poseen un buen grado de madurez y discreción. Esto es bueno para usted, ya que es un soñador. Necesita aprender de ellos, pues le enseñarán a tener precisión y control sobre las cosas. Estará bien, siempre y cuando no entre en el pesimismo.

192. La Línea se desvía hacia Apolo.

Es atraído por todo lo apoloniano. Los apolonianos tienen el poder de superar la tristeza. Son vigorosos, saludables y lo llevan a la acción y participación. Además, lo motivan a realizar una vida excitante por sí mismo. Son como la sal y pimienta de su vida.

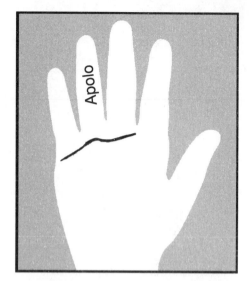

193. La Línea se desvía hacia Mercurio.

Le gusta la compañía de los mercurianos. A través de ellos satisface sus necesidades materiales y encuentra seguridad. Son astutos y usualmente poseen riquezas. Además tienen gran habilidad con las manos y están cargados de una energía interminable. Usted compensa sus partes débiles confiando en ellos.

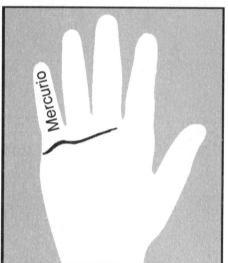

194. La Línea se extiende sobre el Monte de Júpiter.

Escoge su pareja con buenas intenciones. Esta señal indica un amor idealista y puro, nunca lo da con segundas intenciones. Puede ser un entusiasta ciego respecto al amor, está tan embriagado con él, que nunca concebiría una mala relación.

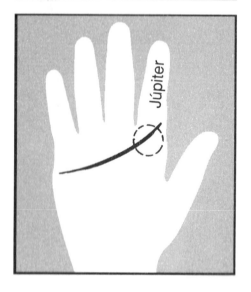

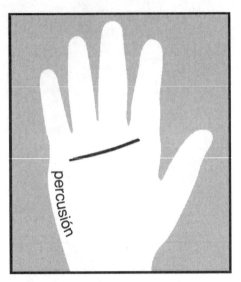

195. La Línea se extiende hasta la percusión de la mano.

Tiene exceso de afecto. A veces sus sentimientos de amor y bondad son tantos que no hay suficientes lugares en su entorno donde puedan ser apreciados; esto le causa una frustración. Usualmente se hiere profundamente cuando su amor no es correspondido.

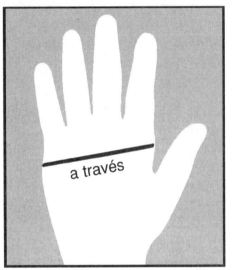

196. La Línea se extiende completamente a través de su mano.

La longitud de esta línea refleja proporcionalmente que tan grande es su amor. La realidad es que usted tiene un gran corazón. Permite que sus sentimientos dominen su lógica y luego deja de hacerlo para así proteger sus intereses. En contra de su mejor juicio, se inclina a prestar dinero con generosidad. Es muy comprensivo y muestra demasiada bondad.

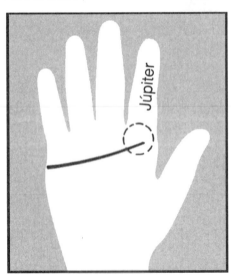

197. La Línea se origina en el Monte de Júpiter.

Tiene un inusual código de honor. Su juego amoroso está lleno de reglas que no deben ser quebrantadas. Desea que los que ama se enriquezcan y logren la fama, esforzando a todo momento para que ello se realice. Sólo se casará con su media naranja, pues una vez que empieza a amar lo hace para siempre.

198. La Línea comienza entre sus dedos índice y del medio.

Refleja el equilibrio entre el idealismo del amor y la realidad del sacrificio. Emplea esto en forma maestra para alcanzar la armonía. Depende de sus sentimientos una vez que desea amar íntegramente. Trabaja duro para su satisfacción personal. Muestra a sus amigos su calma y naturaleza profunda.

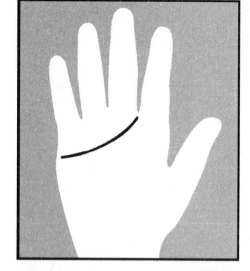

199. La Línea se origina en el Monte de Saturno.

Es posesivo con sus amigos y con los que ama, ya que los quiere exclusivamente para usted. Si descubre defectos en su pareja no los perdona. A veces cuando se equivoca, no quiere admitirlo. Usualmente se amarga con las decepciones.

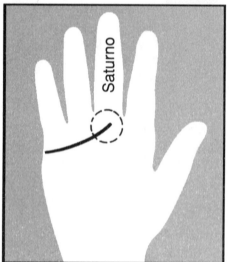

200. Hay una curva descendente en la Línea del Corazón justo sobre el Monte de Júpiter.

Es maravillosamente bueno y cariñoso. Siempre excusa a los que lo hieren, justificándoles sus acciones. Nada en usted es mezquino. Debería ser más firme y agresivo en el mundo en el que vive.

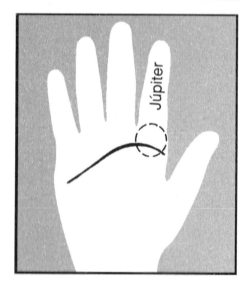

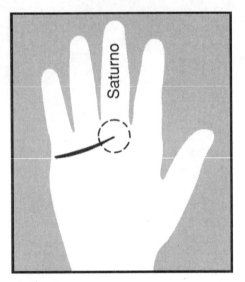

201. La Línea se origina en la base de Saturno.

Vive por sí mismo desconectándose de sus allegados. Una vez alguien está en contra suya se convierte en un enemigo por mucho tiempo. Es una persona con el criterio que las cosas se hacen "justo así" y no de otra manera, y si ello no se cumple muestra una gran inconformidad.

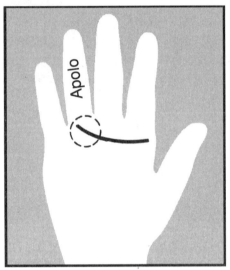

202. La Línea es arqueada y termina por debajo de Apolo.

Esto significa que es un verdadero apoloniano, con ideas de arte y belleza; la mayor felicidad la obtendrá casándose con un apoloniano, ya que este tipo de personas representa lo que más le gusta: alegría, fortaleza, vigor, genialidad y deseos de vivir. Puede reconocer inmediatamente su amor ideal si está lleno de belleza y gracia.

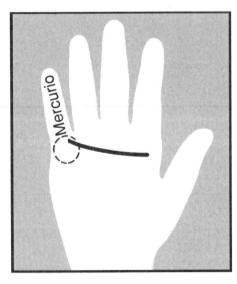

203. La Línea finaliza en la parte superior del Monte de Mercurio.

Esto indica que su pensamiento está directamente influenciado por las finanzas. No puede ser feliz a menos que tenga dinero en el bolsillo. La astucia del mercuriano guía su corazón. El amor y la riqueza lo acompañan constantemente. Le gusta verse con ropa fina y admirarse a sí mismo en el espejo.

204. La Línea termina en el Marte superior.

Le atrae personas de influencia marciana, pues tienen los elementos de agresión y fuerza que a usted le hacen falta. Le enseñan a enfrentar los negocios y a trabajar duro por el dinero. Aprende a luchar ferozmente por el amor. Las personas con esta naturaleza le despiertan una pasión febril por todo lo que anhela respecto al amor y lo impulsan a luchar hasta el final por lo que merece.

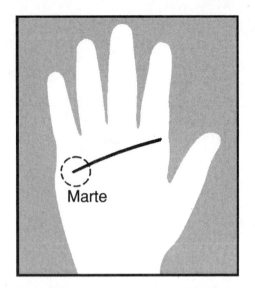

Marte

205. La Línea comienza bajo el Monte de Júpiter y finaliza bajo Saturno.

Comenzó su vida con buenos sentimientos hacia el sexo opuesto. Después adoptó una postura de temor y antipatía. Su naturaleza cambió de caliente a frío. Necesita una persona extrovertida que le muestre cuál importante es usted, para que así logre más tranquilidad y seguridad.

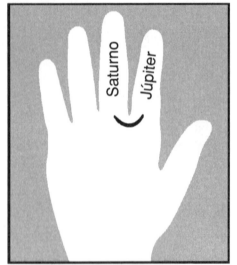

Saturno   Júpiter

206. La línea del Corazón no alcanza a llegar hasta Apolo.

La longitud de esta línea le dice que tan grande es su corazón y cuánto puede dar a los demás ya que esta línea es normal, pero avanza sólo una corta distancia, es la indicación de que usted ha atravesado serias dificultades causadas tal vez por pérdidas y decepciones. Ha decidido no entregar su amor a cualquiera.

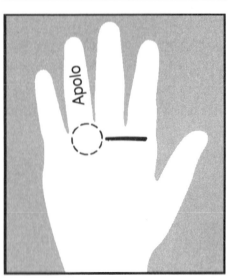

Apolo

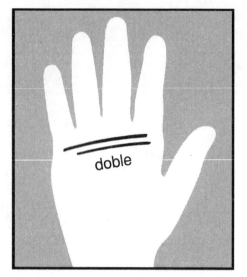

207. Paralela a la Línea del Corazón se extiende otra línea.

Esta segunda línea indica una gran devoción hacia quien ama o a un amigo. Usted es franco y fiel bajo casi cualquier circunstancia y se enorgullece de poder guardar secretos. Es el mejor amigo que cualquiera desearía tener, pues cuando ama lo hace para siempre. Es capaz de querer dos personas con igual intensidad y devoción; igualmente dos personas podrían amarlo con el mismo fervor.

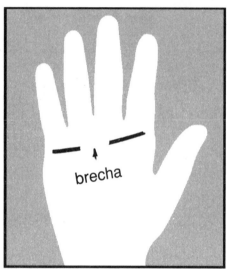

208. La Línea está claramente dividida.

El flujo de amor en su vida no ha sido siempre uniforme, en ocasiones siente que le fue negado injustamente lo que merecía. Necesita ser amado firme y continuamente. Se han roto algunas relaciones importantes con sus amigos, repentinamente y sin causa justa. A veces siente desprecio por los demás a causa de todo esto. Como la línea se puede unir de nuevo con el tiempo lo que ha perdido podría ser compensado.

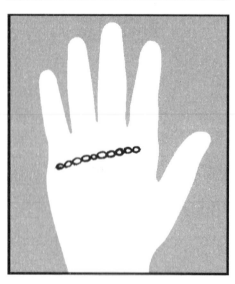

209. La Línea es eslabonada.

Su estabilidad y rutina es alterada en todo momento por intrigas mezquinas. Permite que los demás se entrometan en sus asuntos y que lo controlen. Cada vez valora menos sus opiniones. Se empeña en agradar para ganarse el amor que necesita pero hay demasiados obstáculos en su camino que sólo removerá si logra control sobre los demás.

210. Hay un cuadrado que cubre una parte de la Línea.

Durante períodos de dificultad y sufrimiento físico, la señal del cuadrado lo protege de desgracias inminentes, le da confort, refresca su mente y lo guía hacia las decisiones correctas. El cuadrado podría ser también la presencia de un desconocido que lo protege de una gran caída.

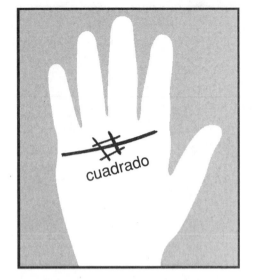

211. Tiene una Línea bastante grande, con una faja de Venus claramente marcada.

Los celos aparecen cuando se ve amenazada la armonía entre usted y su pareja. Demuestra físicamente sus emociones. Pierde el genio tan de repente, a veces con la más leve provocación y no hace nada para ocultarlo.

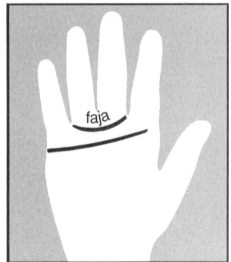

212. Tiene una Línea del Corazón poco visible, y la Línea de la cabeza separada de la Línea de la Vida.

Es una persona muy sobreprotectora en las relaciones sentimentales y temerosa de perder el dominio de los lazos que las mantienen vivas. En ocasiones deliberadamente busca peligro en el amor y se impacienta por destruir lo que había creado cuidadosamente. Tiene un exceso de energía que se podría enfocar al mejoramiento de su vida sentimental.

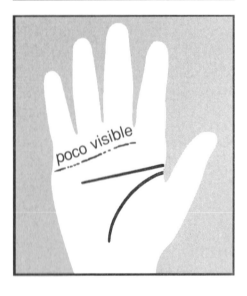

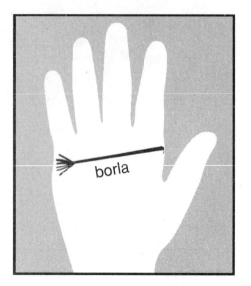

213. La Línea termina en forma de borla.

Por cada pequeña ramificación de la borla hay una relación sentimental de poca importancia. Tiene una disposición afectiva, con mucho amor para entregar y es a menudo dotado de un sentimiento de serenidad y altruismo hacia la humanidad. Su bondad y calor son suficientes para mantener unidos un matrimonio o sobrellevar una familia.

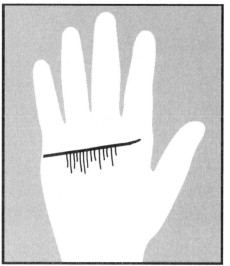

214. Hay muchas Líneas finas que se desprenden de la Línea del Corazón y que están por encima del cuadrado de la Línea de la Cabeza.

Siempre ha sabido que es una persona compleja y polifacética. A veces se frustra porque no puede aplicar toda su capacidad en algo que vale la pena o le revierte dinero. Tiene aptitudes en muchas áreas y por eso es difícil para usted hacer una elección. Sería sabio que se concentrara en las actividades que mejor hace y que le trae mayores satisfacciones.

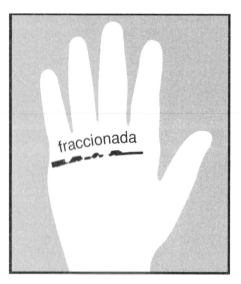

215. La Línea desaparece en diferentes partes.

Hay facetas de su personalidad que no son constantes. Le gusta cambiar de amigos y lugar frecuentemente. Anhela la novedad y la emoción que representa algo nuevo. Esto podría contribuir a los sentimientos que puede tener en ocasiones respecto al poco sentido de la vida.

216. La Línea se divide cuando pasa bajo el Monte de Apolo.

A través de un cambio de mentalidad impulsivo y repentino termina una relación sentimental de mucho tiempo. Se siente superior a los demás, en parte porque es una persona muy capaz, pero esto podría covertirse en presunción. Creció en una atmósfera de arrogancia que en algo ha influido sobre usted.

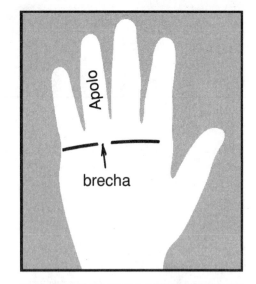

217. La Línea se divide cuando pasa bajo Mercurio.

Ahora mismo sus ideas se enfocan en acumular riquezas. Podría convertirse en un avaro. No se ve así mismo como un tacaño. Su amor por el dinero y seguridad podría llegar tan lejos que destruiría sus lazos de amor.

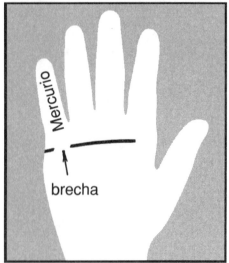

218. Dos fracciones de la Línea se traslapan.

Se reunirá de nuevo con un antiguo amor después de años de separación. Será un encuentro fenomenal y una oportunidad para empezar de nuevo una relación permanente.

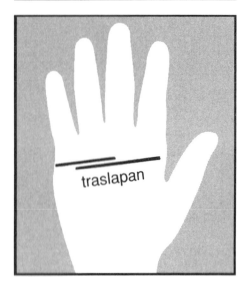

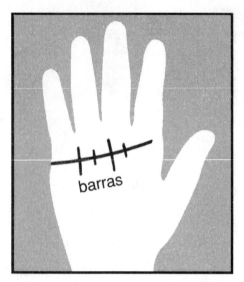

219. Hay unas barras cortando la Línea.

En su vida sentimental aparecen repetidamente frustraciones y condiciones inestables. Se pregunta si algún día terminarán estas decepciones. Ya que las barras que atraviesan su línea del corazón son limitadas, estas desavenencias algún día terminarán.

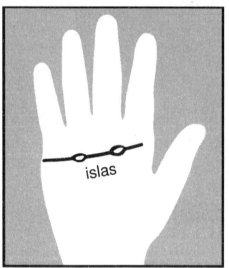

220. La Línea tiene islas.

Vivió una serie de separaciones que realmente no fueron su culpa. Lo más probable es que no se reanudarán estas viejas relaciones.

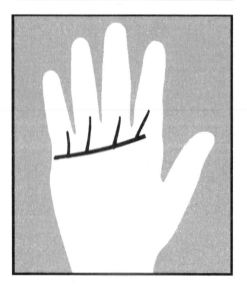

221. De la Línea surgen ramificaciones ascendentes.

Estas ramificaciones representan el número de sus amistades exitosas y alianzas firmes. Son el número de personas que lo verán atravesar momentos difíciles y con quienes compartirá su verdadero espíritu.

222. De la Línea sale una ramificación que avanza hasta el Monte de Júpiter.

Las influencias moderadoras de Júpiter le traen honores y riquezas a su destino. Esta ramificación direcciona de nuevo su impulso sexual en pos del enriquecimiento personal. Es compensado por su sacrificio frente a la sociedad.

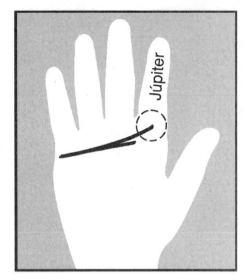

223. De ella se deriva otra línea que se dirige hacia el dedo anular.

Una persona que le ofrece mucho apoyo y amor llenará sus años posteriores con calor y bienestar. En su madurez estará lleno de diversión y riqueza materiales, es entonces cuando finalmente experimenta el significado del amor verdadero.

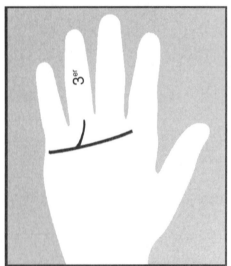

224. De la Línea sale una ramificación que se dirige al Monte de Mercurio.

Con perseverancia, poco a poco y empezando con lo mínimo, acumulará una considerable fortuna. Esto se realizará solamente con un gran y constante esfuerzo. Alguien que lo ama profundamente puede acelerar su progreso.

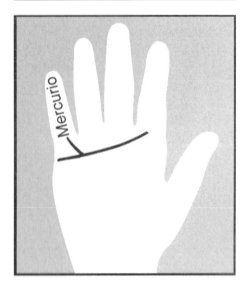

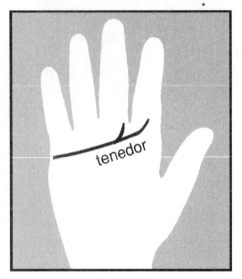

225. La Línea se divide al comienzo justo entre los dedos índice y medio.

Su vida se vuelve tranquila después de un período de constante agitación. Esta paz lo hace nuevamente estable. Tiene una disposición balanceada y feliz para dar mucho amor. Comprende las necesidades y sentimientos de su pareja, sin intentar de ningún modo que cambie. Cuando se compromete nunca lo hace con base en exigencias sin fundamento.

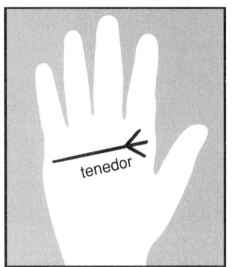

226. La Línea comienza con la forma de un tenedor de dos dientes.

Está dotado de un espíritu justiciero. Tiene un conocimiento innato de la diferencia entre el bien y el mal. Esta aptitud podría ser aplicada en el establecimiento de leyes. Es un mediador serio en conflictos familiares, pues todos, jóvenes y viejos confían en su palabra.

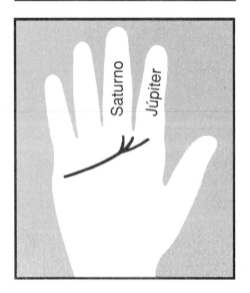

227. La Línea comienza con la forma de un tenedor desde tres puntos: Júpiter, Saturno y el límite entre ellos.

Aunque la pasión es la fuerza que lo conduce en su vida, aprende las normas del sentido común. Aún no ha conocido el secreto de cómo divertirse. Tiene mucho amor y afecto para entregar.

228. La Línea comienza en forma de tenedor, con un diente apuntando a Saturno y el otro a la Línea de la Cabeza.

Esto indica un período de intriga y fuera de norma en una situación que no ha elegido estar. A pesar de todas las decepciones y pérdidas puede aún levantarse muy alto. Es presa fácil de mentirosos y estafadores.

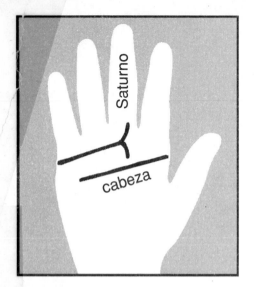

229. La Línea empieza en forma de tenedor justo bajo Saturno.

Es de muy buena suerte tener esta señal. Con ella puede enfrentar sin temor a cualquier cosa que involucre peligro o riesgo. Usted tiene la tendencia a desviarse de la forma corriente de hacer las cosas. Detrás de su valentía hay una gran cantidad de energía.

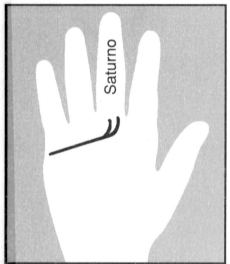

230. Las Líneas de la Cabeza y del Corazón empiezan en forma de tenedor.

Se separa del amor de su vida por algún tiempo. En este período hará grandes cambios y madurará respecto a sus intereses. En el momento de la reconciliación, el encuentro será refrescante y excitante debido a sus nuevas perspectivas.

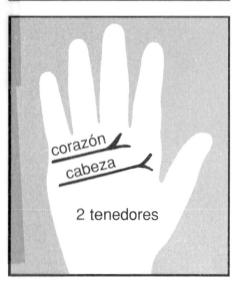

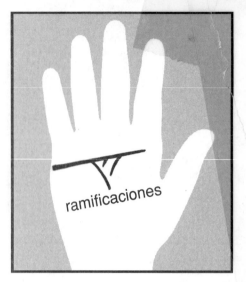

ramificaciones

231. De la Línea surgen ramificaciones descendentes.

Estas ramificaciones muestran sus decepciones amorosas en el pasado. Afortunadamente estas líneas desaparecen con el tiempo, junto con los recuerdos dolorosos que representan. Su recuperación llegará en el momento que reemplace el recuerdo de estas pérdidas con actividades importantes y pasatiempos que le ofrezcan recompensas inmediatas.

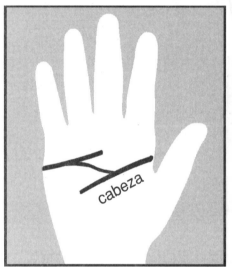

cabeza

232. De la Línea se origina una ramificación que cae gradualmente hasta la Línea de la Cabeza.

Esto muestra que sus sentimientos se han rendido ante la razón. Una decepción lo ha vuelto muy cuidadoso respecto del amor que entrega, su amor guiado ahora por la razón y el sentido común fue una vez natural y espontáneo. Limita las posibilidades de encontrar alguien adecuado para usted al colocar una barrera de crítica que poco objetiva.

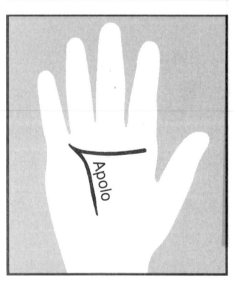

Apolo

233. La Línea del Corazón se une con la Línea de Apolo.

Puede ocupar una posición de poder, prestigio y riqueza mediante una sociedad gobernada por el afecto. Después de esto, los demás admirarán enormemente su estilo de vida esplendoroso, a tal punto que lo tomarán como un modelo.

234. La Línea del Corazón se une con la Línea de la Cabeza.

Esto indica que el afecto por una persona específica ha desaparecido y ha sido reemplazado por un sentimiento libre, frío y distante. Sus sentimientos ahora están llenos de sufrimiento y agresión. Se enfrenta a grandes problemas cuando deja que la ira lo domine. Esta ira podría destruirlo, así que es necesario que calme sus nervios de cualquier forma posible.

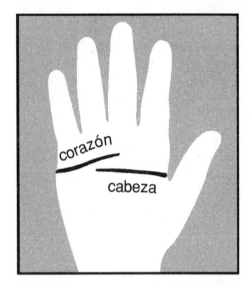

235. Ramificaciones ascendentes procedentes de la Línea del Destino se abren a la izquierda y a la derecha en dirección de la Línea del Corazón.

Aunque desea profundamente la intimidad con el sexo opuesto, le teme a los compromisos y formalidades. Es necesario que tenga varias relaciones sentimentales que no terminen en matrimonio.

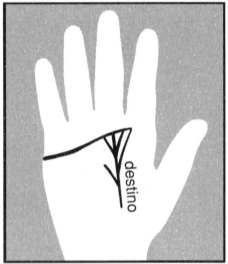

236. Líneas secundarias conectan las Líneas del Corazón y de la Vida.

Ha sido derrotado y decepcionado en el amor numerosas ocasiones. Ha sido el perseguidor, el que más ama, el único verdaderamente enamorado. Siempre ha sido el que suplica a sus amantes. Esta falta de reciprocidad puede deprimirlo o incluso causarle una enfermedad física.

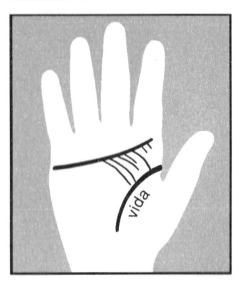

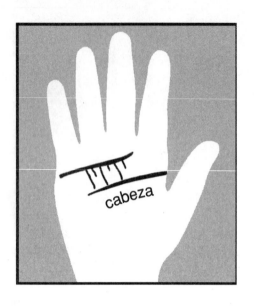

cabeza

237. Ramificaciones de la Línea del Corazón se acercan bastante a la Línea de la Cabeza pero no se unen a ella.

Su vida gira alrededor del sexo opuesto y tiene el poder de manipularlo. No aprecia su grandeza porque no sabe como autovalorarse.

La Línea de Saturno

238. *La Línea es recta.*

Esto representa felicidad en la vejez. Se convierte en parte de un equipo que inventa cosas nuevas. Prefiere vivir en lugares organizados, se siente incómodo en medio de la vegetación, y al aire libre es indisciplinado. Tiene inclinación hacia la arquitectura.

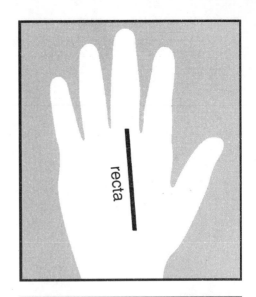

239. *La Línea es poco visible.*

No está completamente convencido que tiene un destino de algún modo relacionado a un plan divino. Esta línea usualmente no aparece en gente con mentalidad materialista. Es difícil predecir los detalles de su destino a causa de su fuerte inclinación a tomar la vida en sus propias manos.

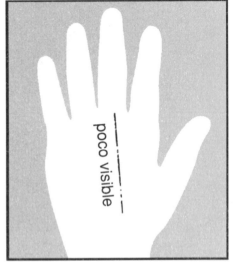

240. *La Línea es ondulada.*

Está siguiendo un curso de constantes cambios. Es guiado a situaciones que prefiere evitar. Le permite a las personas autoritarias que se entrometan en su vida. Esta realizando grandes esfuerzos para poder permanecer a flote. No se confíe de posibilidades o números de suerte. Continúe impulsándose en contra de los que lo presionan. Reclame sus derechos como persona y podrá sentir un cambio significativo.

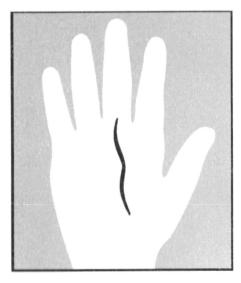

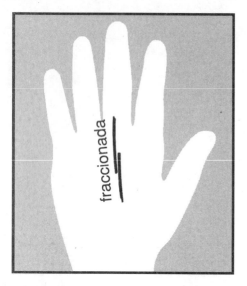

241. La Línea está fraccionada en dos partes.

Después de una deliberación prolongada inicia algo mejor. Un cambio de localización lo favorece. Esto se debe a que está harto de su situación actual. Su gran insatisfacción lo incita ha hacer las cosas que más le teme. Encuentra que está ante un desafío. Una vez decida cambiar, las oportunidades aparecerán.

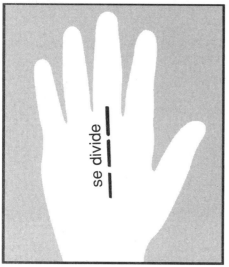

242. La Línea se divide en múltiples partes.

Es la indicación que los momentos felices tienden a llegar irregularmente y debe enfrentarse a intervalos de vacío y soledad difíciles de soportar. Ahora tiene miedo de salir y hacer las cosas que más disfruta. Le urge hacer amistades nuevas y duraderas.

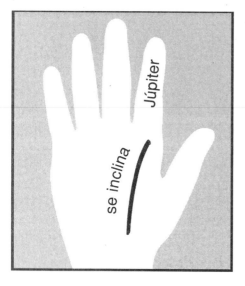

243. La Línea se inclina hacia Saturno.

La compensación llega después del trabajo duro y humilde. Las retribuciones materiales dependen en gran parte de su honestidad. Alguien podría estar esperándolo para rectificar errores del pasado. Repare viejos malentendidos y su trabajo será más fácil.

244. La Línea se inclina hacia Apolo.

Le toma más tiempo lograr la felicidad. Tiene un compromiso con el arte, que le traerá éxito. La llegada inesperada de riquezas a su familia le dará también un alivio adicional.

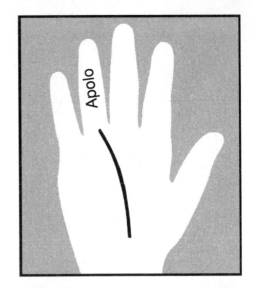

245. La Línea se inclina hacia Mercurio.

Vendrá un éxito repentino en el campo de los negocios. Mostrando su actitud correcta y verdadera, los demás cambian la opinión acerca de usted y comienzan a favorecerlo. Entiende como se mueve el mundo; esto, en combinación con su habilidad especial para los negocios, podría llegar a ser muy lucrativo.

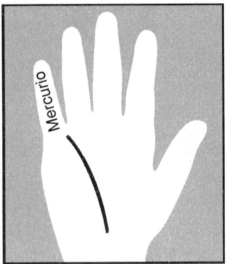

246. La Línea del Destino termina en el Monte de Júpiter.

Tiene el destino extraordinario de solo unos pocos. Entra en una extraña relación. Deslumbra a todo el mundo por su trabajo en equipo. Su vida entera empieza a centrarse en actividades de conjunto. Es también posible que tenga un brillante matrimonio con la persona que trabaja junto a usted.

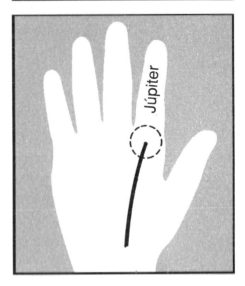

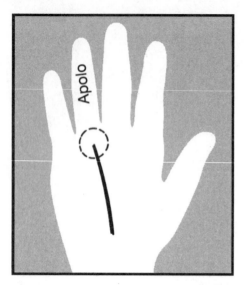

247. La Línea del destino se detiene en el Monte de Apolo.

Tal finalización puede ser interpretada como un amor innato por las bellas artes. Es un coleccionista de artículos costosos y disfruta estar rodeado de tal belleza. Las personas con esta clase de línea tienden a dedicar su vida entera a cultivar sus actividades artísticas o literarias. Usted si desea realizarse en el área que eligió.

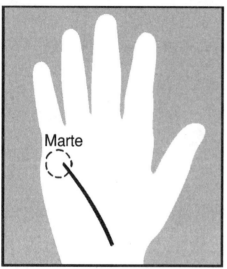

248. La Línea finaliza en el Marte superior.

No se rinde fácilmente. Espera firmemente por sus ideales. Este poder de resistencia lo ayuda a alcanzar éxito y liderazgo. Es un luchador y sabe cómo reanimarse en los momentos difíciles.

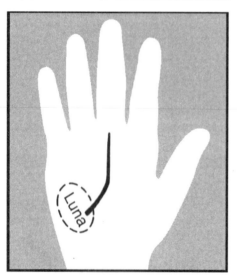

249. La Línea se origina en el Monte de la Luna.

Hay unos cambios en su vida que lo mantienen alterado. Tiene la tendencia a permitir que los demás abusen de su buena voluntad. Mientras su vida se estabiliza, trate de pensar primero en usted mismo.

250. La Línea comienza en el Monte de la Luna y avanza hasta el Monte de Júpiter.

Esta señal representa dinero. Es ambicioso pero no sabe como actuar solo. Se apoya en alguien del sexo opuesto, pues cree que con esta influencia y dirección logrará la prosperidad.

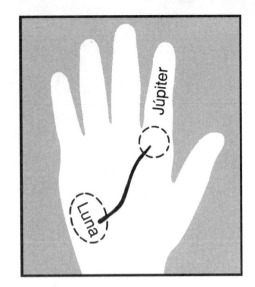

251. La Línea se origina en el Monte de la Luna y se extiende hasta el Monte de Saturno.

Esto indica un destino único. Sus grandes cualidades atrae la atención de la gente. Es seguro que brillará en los campos de la política, del espectáculo y las artes. Sabe cómo estimular la imaginación de los demás.

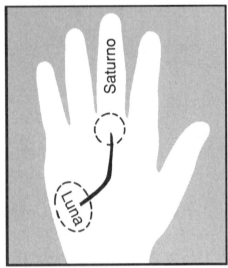

252. La Línea se origina en la muñeca y se entiende hasta Saturno.

La naturaleza le dio todas las facultades para una vida exitosa y brillante. Una vez empiece activamente a buscar sus objetivos descubrirá todos las fortalezas ocultas. Cuídese de las personas que hablan de sus ideas y planes.

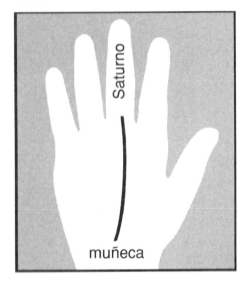

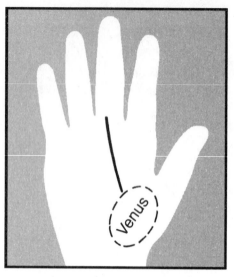

253. La Línea del destino comienza cerca al Monte de Venus.

Su amor apasionado perjudica sus estudios. En el pasado ha dado afecto a personas fuera de su alcance. Las personas que lo rodeaban anteriormente no eran sinceras y usted no era la única compañía que tenían. Necesita investigar a sus amigos más detalladamente.

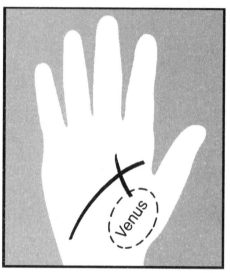

254. La Línea del destino comienza en el Monte de Venus y en su trayecto se cruza con la Línea de la Vida.

Su familia ejerce una gran influencia en su vida. Está agradecido con ellos, pero se encuentra indisolublemente maniatado.

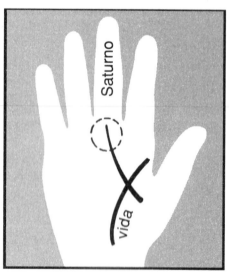

255. La Línea comienza debajo de la Línea de la Vida y avanza hasta el Monte de Saturno.

Esto significa que obtendrá riquezas. Sus parientes cercanos lo ayudan bastante, porque los convence de su talento digno de confianza. Tiene la energía y el cerebro para realizar bien cualquier trabajo.

256. La Línea no aparece en la parte inferior de la palma y empieza su curso en el plano de Marte.

Ha tenido un largo período de lucha e incertidumbre en los negocios. Todo no está perdido, a medida que sus problemas se arreglen, se organizará como antes y empezará a acumular fortuna.

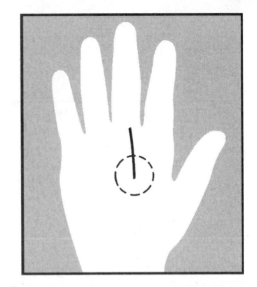

257. La Línea comienza en el centro de la palma y avanza hasta el Monte de Saturno.

Alcanza el éxito en la vida principalmente por su propio esfuerzo. Finalmente se viene a dar cuenta que su aparente buena suerte no es más que el uso de su sentido común y su reacción rápida a cualquier impulso. Debe dedicarse más a sí mismo que a los demás y ejercitar su potencial de concentración.

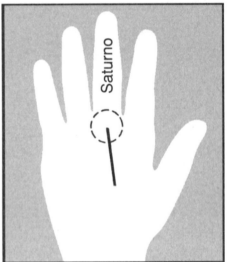

258. La Línea del Destino comienza en el centro de la palma y se inclina hacia Apolo.

Lo corto de esta línea indica que tal vez tuvo una infancia difícil, o ha tenido que luchar más que la mayoría para lograr sus objetivos. La vida le ha dado muchas lecciones. Su mayor riqueza es el entendimiento, pues es el único arquitecto de su propia fortuna.

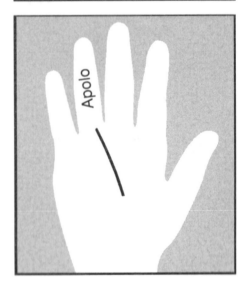

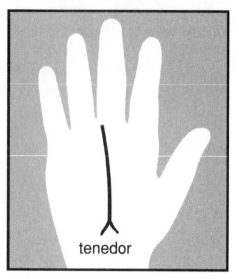

tenedor

259. La Línea del Destino comienza en forma de tenedor en la parte inferior de la palma.

Su amor por la gente lo incita a llevar extraños a su familia y bajo su protección. Acepta a las personas por lo que son y no las utiliza para protegerse a sí mismo. No le teme a desconocidos ni a situaciones inusuales.

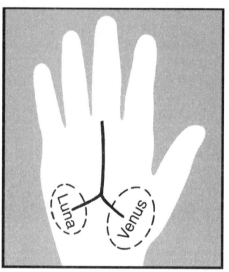

Luna   Venus

260. La Línea comienza con la forma de un tenedor bastante ancho, que tiene un diente en el Monte de Venus y el otro en el Monte de la Luna.

Lucha fuertemente por el éxito usando sus facultades. La energía que necesita podría ser generada por un gran amor o inspiración de belleza. No deje que su imaginación lo haga retroceder, pues ésta es una de sus partes débiles.

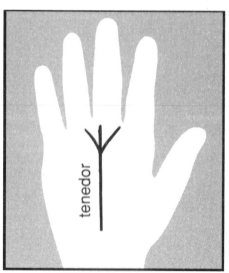

tenedor

261. La Línea termina en forma de un tenedor de dos o más dientes.

Un diente significa ambición, dos representa prudencia y tres un brillante intelecto. Estos son sus bienes invaluables. Su rasgo dominante es el deseo de triunfar con la aprobación de los demás. No debe de tener miedo de esforzarse hasta el límite.

262. La Línea es clara y directa, además termina en forma de estrella sobre el Monte de Apolo.

Se encuentra consigo mismo muy temprano en la vida. A causa de esto, se realizarán sus objetivos y después será buscado y honrado popularmente.

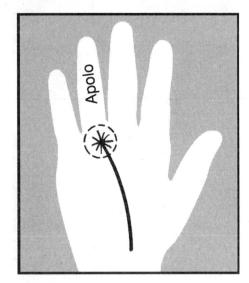

263. La Línea de Saturno se intercepta con la Línea de la Cabeza que se encuentra inclinada.

Le gustan las transacciones que involucren elementos de riesgo. No teme realizar grandes apuestas. Es muy poca su preocupación respecto a la posibilidad de perder. Además especula en su vida sentimental y esto lo lleva a enfrentar grande apuros.

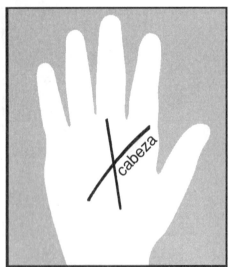

264. De la línea surge una ramificación que va hasta el Monte de Júpiter.

Alguien importante se da cuenta de su capacidad de liderazgo. Le ofrecen la posibilidad de dar un gran paso en su vida profesional. Una posición nueva lo llena de poder y prestigio. Debe aprender a sobrellevar grandes responsabilidades.

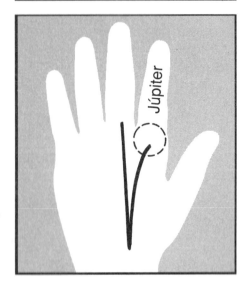

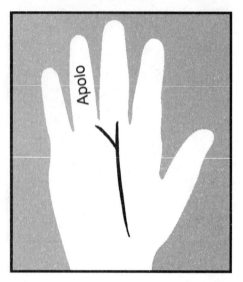

265. De la Línea sale una pequeña ramificación que apunta hacia la base del dedo anular.

Esta Línea se asocia con un domino excepcional del lenguaje o de la escritura. Se podría abrir nuevos canales de éxito mientras persista esta dirección. Se trata bien con la gente. El dinero público pasa también a través de sus manos. Esta señal es típica en políticos triunfadores.

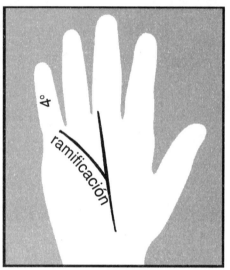

266. De la Línea sale una ramificación que se dirige a la base del dedo meñique.

Su éxito siempre es menguado por su naturaleza vacilante. Sus cuidados y recelos limitan su exposición a las cosas, personas y sucesos, que podrían traerle nuevas oportunidades. Sus grandes logros se presentan en los campos de la ciencia y la industria.

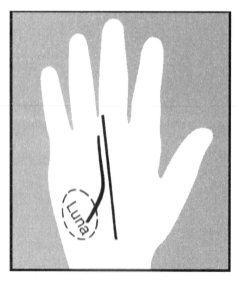

267. La Línea sigue su curso normal y es acompañada por otra línea que se origina en el Monte de la Luna.

Comienza una relación fuerte con un miembro del sexo opuesto. Es un compromiso firme con lazos permanentes. El matrimonio con esta persona llena de energía lo enriquecerá en todos los aspectos.

268. De la Línea sale una ramificación que va hasta el Monte de la Luna y otra que va hasta el Monte de Venus.

Tiene la tendencia a dejar que su pasión e imaginación venza la razón. El romance y una vida apasionada dirige sus acciones y lo alejan de su profesionalismo. Lo atrae la gente informal. Sueña ser el primero, pero siempre es el último.

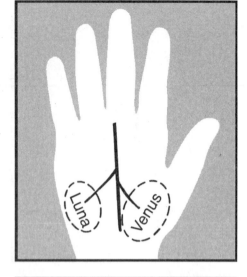

269. La Línea es derecha y está llena de ramificaciones ascendentes.

Hay variaciones en su campo gravitacional. Ya que siempre le están sucediendo cambios, anhela la estabilidad. En su vida conocerá tanto la pobreza como la riqueza.

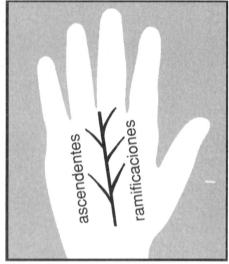

270. Tiene una Línea de influencia que viene del Monte de la Luna y que no se une con la Línea de Saturno.

Esta característica muestra que en algún momento dejó que otra persona influenciara peligrosamente sobre su vida. Aprende una gran lección de esto, pues conoce su autodependencia. Se convierte en una persona que experimenta la vida al máximo.

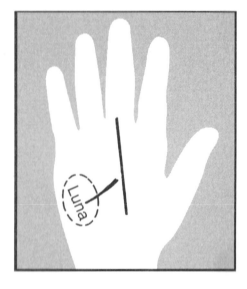

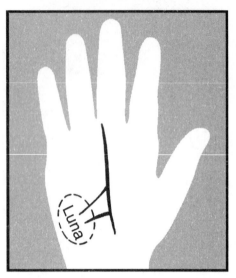

271. La palma muestra una Línea de influencia que se origina en el Monte de la Luna y se conecta con la Línea de Saturno.

Dentro de usted ha habido mucho desorden, cuando esto llegue a su punto máximo se convertirá en una nueva persona, como una oruga que se convierte en mariposa. Su nuevo brillo interno lo hará olvidar el pasado.

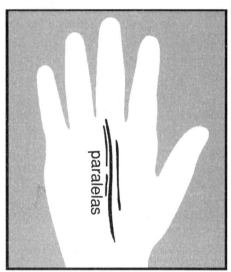

272. Tiene Líneas de oportunidad que van al lado de la Línea de Saturno pero no la tocan.

Esta líneas ejercen una influencia fuerte en su vida profesional, la cual cree usted que no avanza tan rápido como debiera. Escuche a sus mejores amigos que están tratando de ayudarlo incondicionalmente, pues ellos ven con claridad su difícil situación. Se resiste a la sugerencias porque es muy orgulloso.

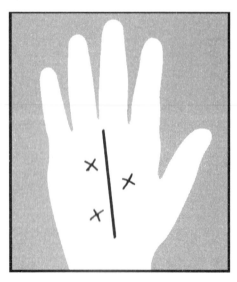

273. Hay una cruz al lado de la Línea.

Aquí la cruz indica una nueva dirección en su vida representada en cambio de trabajo o residencia. Tiene muchas habilidades latentes que necesitan ser exploradas. La paz interior aparece después de un período de descanso. El aburrimiento es el enemigo con quien lucha constantemente.

274. Líneas procedentes de diferentes montes se encuentran simultáneamente en la Línea de Saturno.

Factores que están fuera de su control han retrasado y están a punto de paralizar su progreso profesional y estilo de vida. Necesita que alguien le recuerde que usted también tiene voz y voto.

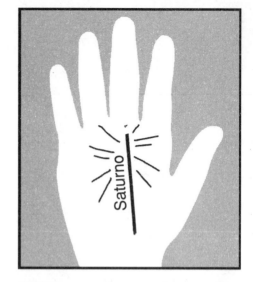

275. Tiene más de una Línea de Saturno, que apuntan hacia diferentes montes.

Su ingreso finalmente se deriva de dos profesiones diferentes. Podría terminar ejerciendo ambas al mismo tiempo; la principal es la que estudió y la secundaria es una antigua afición.

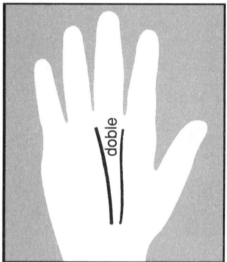

276. Es interceptada por la Línea de la Cabeza.

Hasta ahora ha sido guiado por las expectativas que los demás tienen de usted. Esto acabará cuando no necesite más basarse en estas influencias. Sus propias ideas son muy fuertes ahora, y debe desarrollar su propia ayuda emocional.

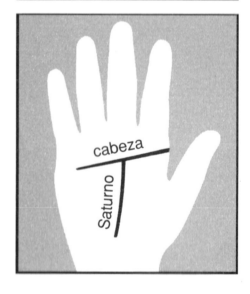

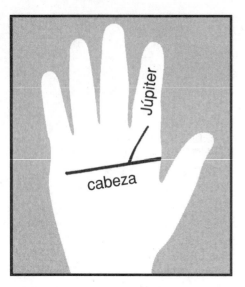

277. Comienza en la Línea de la Cabeza y cruza el Monte de Júpiter.

Es extremadamente orgulloso por tener algo que nadie más tiene y que tiene miedo de perder. Este temor detiene su progreso. No se siente tan importante como en realidad es.

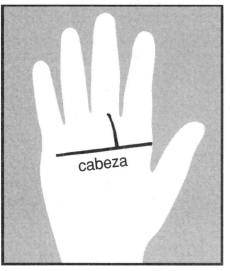

278. Se origina de la Línea de la Cabeza.

Su claridad de pensamiento y madurez influyen en su profesión de tal forma que muy joven se encontrará bastante solicitado. Si permanece activo y siempre se atreve a probar sus fortalezas obtendrá logros sorprendentes.

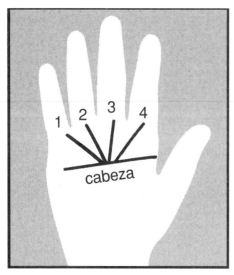

279. Se origina en la Línea de la Cabeza y asciende hacia los dedos.

La recompensa por sus constantes esfuerzos se acumulan y más tarde llegan a su vida como una sorpresa tardía. En la mitad de su vida recuperará su autoestima, y esta nueva dimensión de orgullo le dará energía para comenzar proyectos con una gran firmeza.

280. Al lado de ella avanza una Línea de Oportunidad que surge de la Línea de la Cabeza.

No se desanima fácilmente. Es fuerte para superar todas las dificultades por sí mismo. Piensa con cabeza fría. Es un juez imparcial y buen observador de hechos y detalles.

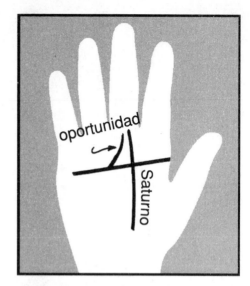

281. Se origina en la Línea de la Vida.

Está orgulloso de ser alguien que se ha hecho a sí mismo. En ocasiones se siente desafortunado, y que la vida lo volvió malo. Estos choques y reveses crearon un patrón en su vida. Si pudiera liberarse del pasado ganaría el control de sus acciones otra vez.

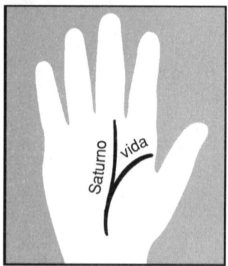

282. Se une a la Línea del Corazón.

Esta mezcla de líneas es el presagio de un matrimonio feliz y próspero. La atracción por su pareja es debida por ideales pocos usuales y caprichos que más tarde probarán su paciencia. Si supera este período, estos problemas en crecimiento se convertirán en algo magnífico. La compañía que tiene despierta en usted el espíritu aventurero.

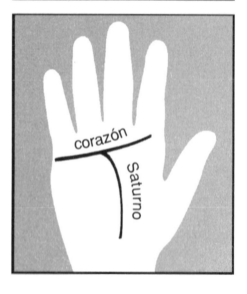

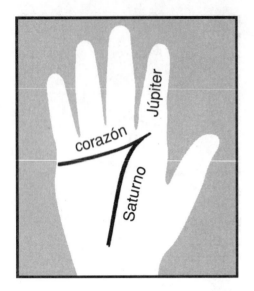

283. La Línea de Saturno se une a la del Corazón y asciende al Monte de Júpiter.

Su naturaleza es ser muy afectuoso con los que ama. Su condición humanitaria esparce y a la vez repele el amor. Algunos lo admiran por esto pero otros se le alejan. Es del tipo de persona que debe dar amor; si combina esta actitud con una profesión, podría obtener un gran logro.

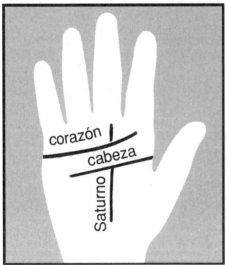

284. La Línea desaparece entre la Líneas de la Cabeza y del Corazón.

Ha desarrollado proyectos que comenzó desde cero y que posteriormente quedaron sin dirección. Estas decepciones, tal vez una tras otra, han desmotivado su deseo de comenzar algo nuevo. Hay un defecto fatal común en todos sus proyectos. Haga un análisis y encuentre su error y no se enfrentará de nuevo ante algo tan largo y difícil de manejar.

La Línea de Apolo

285. Tiene una Línea de Apolo perfecta, que empieza en la muñeca y avanza derecho hasta el dedo anular.

Fue un niño dotado y recibió atención especial al comienzo de su vida, lo que le ha permitido ganar un nivel de excelencia sobre las cosas. Llega al máximo, saliéndose de todo promedio. Le gusta desafiar su mente y solucionar grandes problemas sin ayuda. Usted magnetiza a las personas.

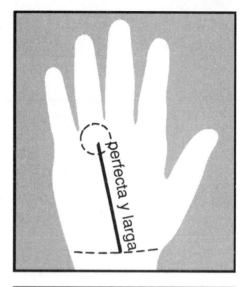

286. La Línea es larga, clara y se extiende hasta el Monte de Apolo.

Esto indica conocimiento, creatividad y amor por las artes. Elija una actividad relacionada con el arte y recibirá reconocimiento si persevera. Debe motivarse a sí mismo, ya que siempre no se siente creativo. Una vez que comienza la dirección correcta nada lo detiene.

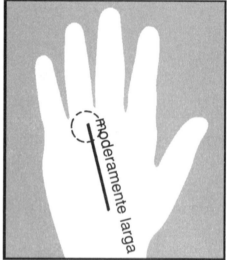

287. La Línea es un poco tortuosa, comienza en la muñeca y avanza hasta el Monte de Apolo.

Nació dotado de un gran talento. Los demás toman años en aprender lo que usted hace por naturaleza y sin práctica. Este don creativo continúa desarrollándose inconscientemente mediante la observación e imitación a lo largo de su existencia. El éxito es inmediato y duradero, así que debería usar su talento como un medio para ganarse la vida.

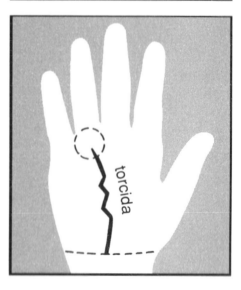

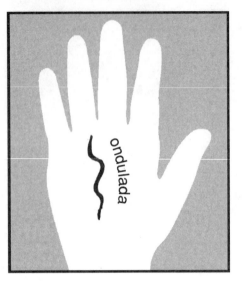

288. La Línea es ondulada.

Tiene muchos talentos y dones. Por falta de una disciplina constante duda de sus verdaderas fortalezas. Tome en serio el uso de su tiempo y mire si lo está desperdiciando, retrasando así su éxito. A veces se siente desubicado.

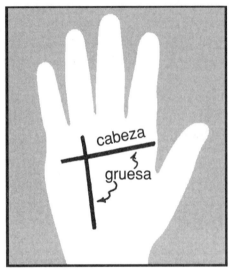

289. Las Líneas de la Cabeza y de Apolo son rectas y gruesas.

Esta combinación le da el impulso para dedicarse a acumular bienes materiales. Nunca se ubica en la mediocridad, trabaja en forma estable por la ambición de obtener el más grande éxito imaginable. Amasa fortuna, no por casualidad, sino por el resultado de un gran planteamiento.

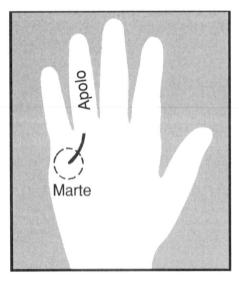

290. La línea sale del Monte de Marte y avanza hacia el dedo Apolo.

Esta línea representa éxito en un proyecto que ya le ha costado muchos años de trabajo y frustración. La mayoría no se da cuenta del número de obstáculos que usted ha tenido que superar para llegar hasta donde ahora está. A veces siente que le gustaría abandonar el proyecto actual por miedo a la frustración.

291. La Línea se origina en el Monte de la Luna y se extiende hasta el dedo Apolo.

Se involucra en la vida de los demás. Está frustrado porque la gente a su alrededor cambia de planes continuamente. Cuando no entiende claramente las razones de las personas, se confunde y se enoja. Mucho de su éxito depende de la cooperación de los que lo rodean.

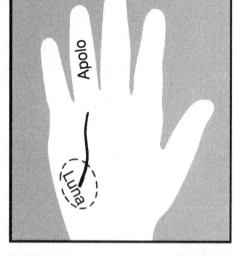

292. La Línea comienza en el Monte de la Luna y se dirige hacia la base del dedo anular.

Su capacidad más fuerte es su poder de manipulación sobre los demás, pues los magnetiza para que sigan su camino. Puede cambiar las emociones de la personas muy fácilmente. Un amigo le servirá como guía y los hará progresar en su vida profesional. Usualmente se admiran por su manera de hablar.

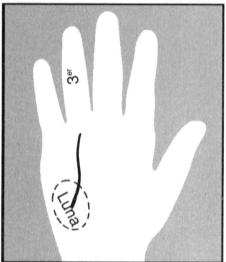

293. La Línea comienza en la parte inferior de la palma y avanza sólo una distancia corta.

En su infancia confiaba en su creatividad natural para brillar ante los demás. Desde entonces ha desviado y disminuido el interés por los dones que Dios le dio. Algo está esperando para que usted lo recoja donde lo dejó.

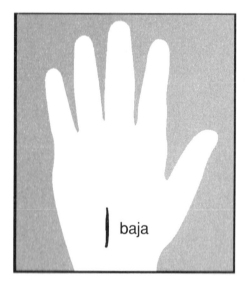

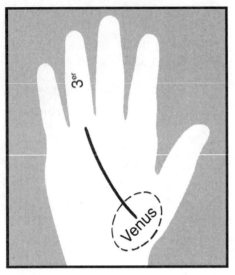

294. Se origina en el Monte de Venus bajo la Línea de la Vida y se proyecta hacia el dedo anular.

Tiene la facilidad de aprender rápidamente y recordar detalles figurativos. Al comienzo de su carrera los miembros de su familia lo ayudan. Visualiza las cosas con facilidad y tiene buena memoria para los detalles ópticos. Puede realizar excepcionales hazañas utilizando este talento.

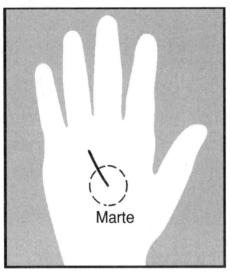

295. La Línea comienza en el plano de Marte.

Esta formación es asociada con una gran lucha por el éxito. A causa de contratiempos y errores, los demás tienden a menospreciarlo. Es muy inteligente y considera la vida como su universidad, además se esfuerza por aprender todo lo posible de ella.

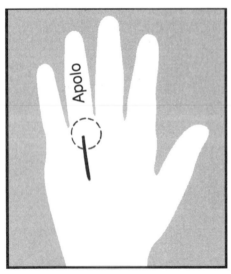

296. Se origina en la parte superior de la palma y avanza hasta el Monte de Apolo.

Es el tipo de persona espontánea, activa y alegre. Sabe juzgar lo bello y lo artístico. Se encuentra en estrecha relación con la moda y el buen vestir, con interiores de edificios y diseños.

297. *Comienza entre las Líneas de la Cabeza y del Corazón y luego se curva hacia el dedo anular.*

Es el tipo de persona que nunca toma un no por repuesta. Alcanza el éxito por su obstinada persistencia. Está pendiente a todo momento para encontrar errores y evasivas. Le encanta sobresalir con los demás.

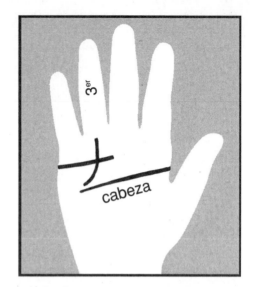

298. *Comienza en la parte superior de la palma y cubre el espacio formado entre las Líneas de la Cabeza y el Corazón.*

Durante su años de formación, un talento brillante y una gran astucia lo ayudaron a sobrellevar períodos críticos con facilidad. Este don especial puede ayudarlo de nuevo a enfrentar obstáculos actuales.

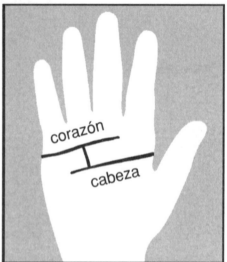

299. *La Línea de la Cabeza se inclina hacia abajo e influye en la dirección de la Línea de Apolo.*

Se esfuerza demasiado en el trabajo tratando de estar adelante en su vida profesional. Se ofrece a realizar trabajo adicional pero nadie se da cuenta. Entre más hace, menos es apreciado. Encuentre la persona que será base de su éxito. Alguien tendrá que abrir el canal para su triunfo.

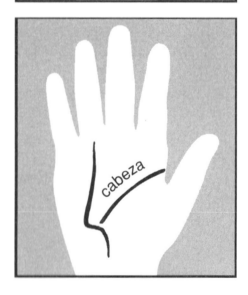

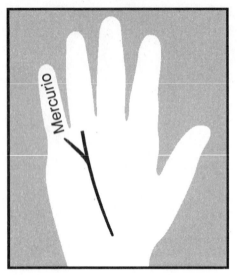

300. La Línea termina en forma de tenedor y uno de sus dientes apunta a Mercurio.

Posee dos grandes talentos. Esta diversidad de intereses le quitan tiempo y disminuyen su efectividad. Concéntrese en su habilidad más fuerte; si siente que ambas son de igual potencial, elija aquella que brinde servicio y contribución a la comunidad.

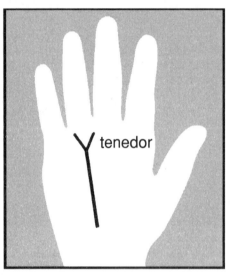

301. La Línea termina en forma de tenedor con dientes de igual longitud.

Por el talento que tiene, está aún esperando resultados reales. Se desenvuelve bien en muchas áreas y no se parcializa por ninguna. No tiene que dividir sus esfuerzos, podría terminar tomando una decisión arbitraria escogiendo una de sus habilidades.

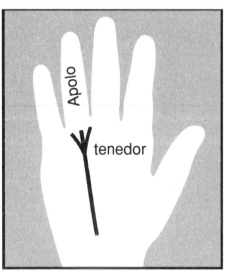

302. La Línea finaliza en forma de tenedor de tres dientes bajo el dedo de Apolo.

Tiene el sueño poco realista de conseguir la fama. Muy adentro es una persona frustrada porque muchas de las posibilidades que encontró en el camino, de algún modo se perdieron. Se debilita en los momentos críticos. Piense que su debilidad es sólo una ilusión, porque eso es lo que realmente es.

303. La Línea termina en tres ramificaciones.

Hay una evidencia de que gasta más tiempo imaginando su éxito que planeándolo. Necesita elaborar un plan para mejorar su eficiencia y hacer su proyecto personal para triunfar. Luego sorprenderá a los demás realizando su objetivo en tiempo récord.

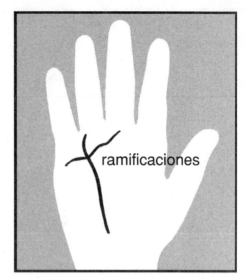

304. La Línea es cruzada por una barra pequeña.

La armonía es el factor más importante para adelantar su carrera. Esto incluye armonía en el hogar y en el trabajo. Personas cercanas aliadas a usted se molestan por su postura de autodefensa. Los demás esperan que sacrifique su orgullo por una mejor voluntad.

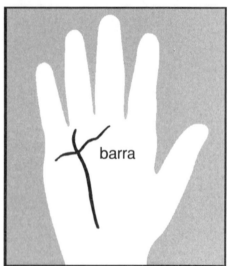

305. Es atravesada por varias líneas cortas.

Esto implica que hay unos obstáculos fuertes que impiden su progreso. Estos obstáculos son la envidia y desaprobación por parte de sus subalternos. Ellos no pueden seguirlo porque su talento es superior. Usted demuestra poca paciencia, y así mismo recibe poco respeto.

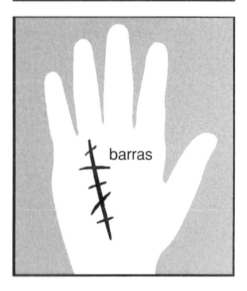

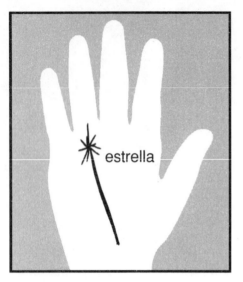

306. La Línea tiene una estrella.

Una estrella en esta posición intensifica su buena suerte y magnetismo positivo sobre los demás. Tiene el poder de influir en las opiniones de los demás. Las personas con esta marca han sido importantes en la historia. Esta es también la señal del actor o cantante, de una persona con grandes atributos de articulación oral. Usando este talento en los negocios podría ser lucrativo.

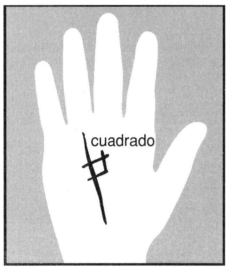

307. En la Línea se plasma un cuadrado.

Permanece intacto a pesar de lo que se argumenta en su contra; además se encuentra frente a agresores que suelen ser hipócritas. El cuadrado simboliza la fuerza protectora que constantemente lo guía y lo anima a seguir adelante. Con él desvía accidentes, enemigos y personas taimadas.

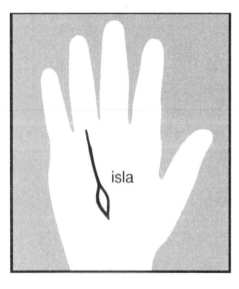

308. La Línea se origina con una isla bien definida.

Con las relaciones adecuadas es impulsado a una carrera con tal éxito que se convierte en la envidia de todos los que dudaban de usted. Una relación sentimental le deja un sentimiento de vacío y culpa. Piensa que nunca se recuperará de esta pérdida, sin importar que tanto desvíe su pensamiento. Se hiere fácilmente y se preocupa porque el amor que anhela más que cualquier cosa en el mundo, parece estar muy lejos.

309. La Línea tiene espacios en blanco y líneas intercaladas.

Siente que ha perdido la motivación o que su vida no tiene inspiración. Las cosas no son lo que parecen. Su entusiasmo es opacado por los problemas. Las actividades físicas y mentales lo liberarán de estos puntos oscuros y lo regresarán al ritmo de las cosas. Necesita buscar y encontrar las cosas que lo estimulen e inspiren.

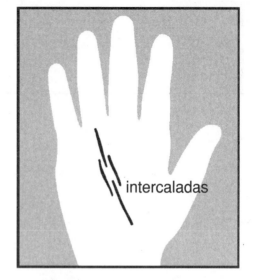

310. La Línea tiene tres ramificaciones principales que apuntan hacia arriba.

Cada línea representa un impulso durante la vida que lo levanta por encima del promedio. Tiene un anhelo profundo de brillar ante los demás con una demostración espectacular, que va ligada a un sueño de riqueza. En su vida encontrará tres períodos de muy buena suerte.

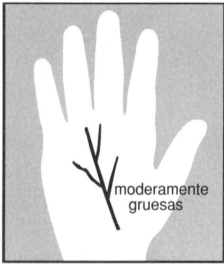

311. De ella surgen líneas delgadas que apuntan hacia los dedos.

Se preocupa por no recibir el reconocimiento del éxito obtenido en logros anteriores. Su obstáculo más grande es la preocupación por el fracaso. El estar luchando con esta inquietud bloquea los canales al éxito.

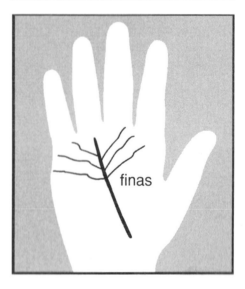

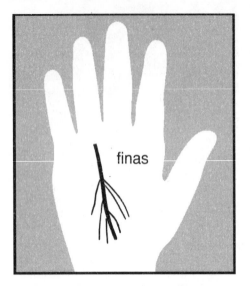

312. Líneas finas caen de la Línea de Apolo y avanzan abajo hacia la muñeca.

Cada año incrementa sus energías para acercarse a su objetivo, pero cree que no está recibiendo una justa recompensa. A veces siente como si estuviera empujando una puerta sellada. Tiene la clave en su propia mano. Recibirá el análisis del problema por parte de un extraño; dicho problema podría estar relacionado con malos hábitos de trabajo.

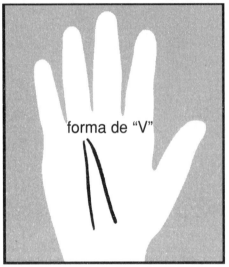

313. Tiene dos líneas de Apolo configuradas en forma de "V".

Hay dos fuerzas que lo mueven en diferentes direcciones. Sirva al maestro que lo trata justamente, ese que reconoce y alaba lo que usted es. Los resultados vienen después de la decisión de seguir sus propias ideas y no las de otros. Una vez que avance en un sólo camino, su potencial latente le dará una enorme fortaleza interna.

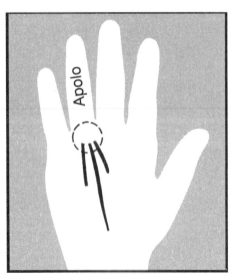

314. Varias líneas de diferente longitud se originan en el Monte de Apolo.

Tiene un ojo perspicaz y sabe lo que se puede considerar como excelente. Aprende fácil la técnica y mecánica de diversas formas de arte. Una desviación de intereses podría retardar su éxito.

315. Líneas de igual longitud ascienden a su dedo de Apolo.

Esta señal indica gran reconocimiento producto del uso de un talento. No llega a lo alto una, sino muchas veces. Puede tener grandes logros después de su primera llegada a la fama y después de que su éxito permanezca estable. Mantiene su ánimo por la vida y trata incansablemente de mejorar respecto a sus debilidades.

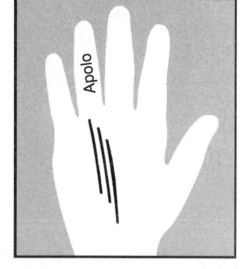

316. Tiene muchas Líneas de Apolo y de diferentes longitudes.

Debe tomar una difícil decisión para escoger una de las muchas líneas de trabajo que se le proyectan. La dificultad en la elección puede guiarlo hacia lo que es más interesante. Es una persona hecha para hacer muchas cosas simultáneamente, incluyendo llevar a cabo múltiples negocios. La clave de su éxito es mantener supervisión personal sobre todos sus intereses.

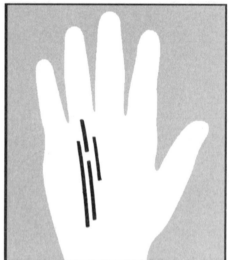

317. Al final de ella hay muchas líneas verticales.

Posee algo de talento para diferentes campos. Tiene el propósito particular de estudiar las diferentes culturas del mundo. Para especializarse en un talento, debe encausar todos sus negocios en un sólo campo, ya que tiende a esparcir su vigor.

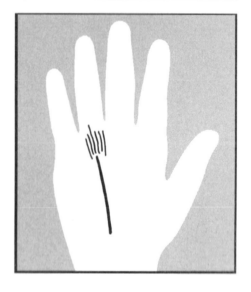

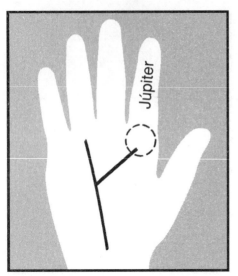

318. La Línea tiene una ramificación que avanza hasta el Monte de Júpiter.

Su ambición junto con un gran talento, lo conducen a triunfos sorprendentes. Una vez que su mente plantea un objetivo, todas sus energías se canalizan en busca del éxito. Los demás perciben sus habilidades de liderazgo y se siente cómodo en un rol dominante.

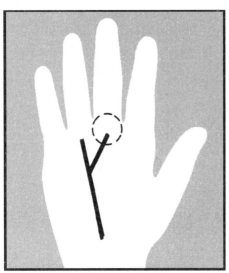

319. De la Línea surge una ramificación que avanza hasta el Monte de Saturno.

No se guía por la tradición. Es de mentalidad fuerte. Se hace oír con extraordinaria seguridad. Su brillante personalidad atrae las personas indicadas que suministran las relaciones adecuadas. Usted es la fusión de dos combinaciones planetarias: Saturno más Apolo. Saturno le da sobriedad, Apolo amplifica su vitalidad y buen humor.

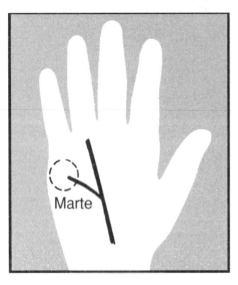

320. Una ramificación de la Línea avanza hasta el Monte de Marte.

Tiene el poder de Marte sumado a su carácter apoloniano de vivacidad y buen humor. El planeta Marte le da un temperamento fuerte, determinado y combativo. Podrá ser capaz de estar solo y elaborar su propio camino en la vida.

321. Una ramificación del Monte de la Luna se une a la Línea de Apolo.

Su futuro está estrechamente ligado a su habilidad para el uso de las palabras. Cualquiera que sea su profesión, si desarrolla su potencial de expresión verbal, logrará el éxito. Sería un buen autor o compositor de música.

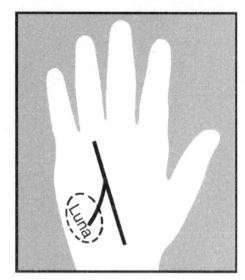

322. Se une a una curva ascendente procedente del Monte de Venus.

Esta marca indica que el dinero de la familia pasará por muchas manos, pero finalmente será suyo después de un período de procesos judiciales. Es también una señal de dinero ganado mediante trabajo y frustración.

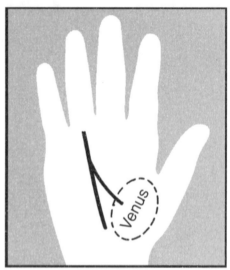

323. Aparecen al lado de ella líneas de influencia procedentes del Monte de Venus.

Esto es interpretado como la intervención de parientes o amigos cercanos en sus planes profesionales. A menudo esta marca es leída como una herencia. Usualmente recibe consejo y apoyo económico de su familia. Ellos lo ayudan en tiempos difíciles pero así mismo buscan algo suyo.

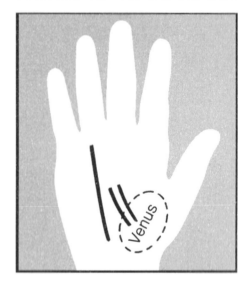

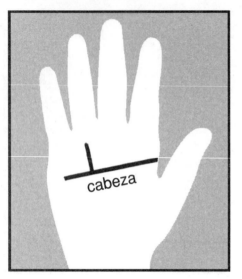

324. *Se origina de la Línea de la Cabeza.*

Ha sido dotado con la firme determinación de sostener la verdad. Está preparado para aplazar la recompensa material y sacrificarse años estudiando por muy poca compensación. Usted mira hacia lo alto, y por eso necesita una profesión en la cual pueda poner todo su corazón y su alma. Gran parte de su duro trabajo no será notado.

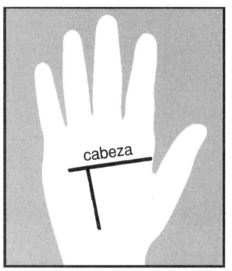

325. *Detiene su curso a causa de la interferencia de la Línea de la Cabeza.*

Tiene grandes facultades, pero no se reflejan en éxito a causa de una desventaja interna. Siendo consciente del patrón de su pensamiento y analizándose a sí mismo, superará esta desventaja. Demasiada dedicación académica interfiere en sus habilidades artísticas.

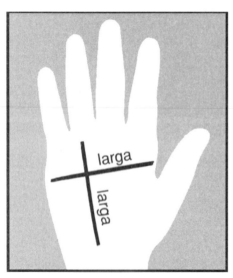

326. *Las Líneas de la Cabeza y Apolo son bastante largas.*

Tiene reflejos mentales rápidos y puede arriesgarse debido a su seguridad al planear; por consiguiente, es un gran candidato para negocios importantes. Su grado de seguridad es tan alto que a veces cae fácilmente en especulaciones riesgosas e inclusive en apuestas de juego.

327. *Tiene su origen en la Línea de la Vida.*

Posee la habilidad de convertir tareas simples y rutinarias en trabajo valioso. Está satisfecho de sus logros. No se avergüenza de hacer trabajos forzados. Se siente orgulloso de su patrimonio.

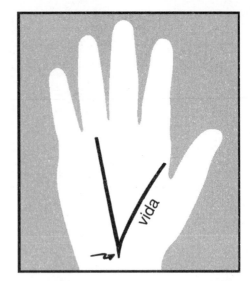

328. *Empieza en la Línea del Corazón.*

Se ha retrasado la recompensa por esfuerzos pasados. En sus años dorados tendrá el éxito que está buscando ahora. Posteriormente, desarrollará nuevas maneras de utilizar su energía creativa. En estos años, que se ubican en la mitad de su vida, aprenderá sobre la compasión, amor por la belleza y la autosatisfacción.

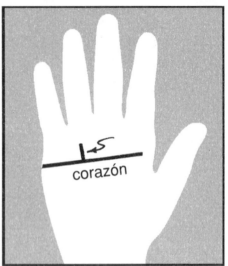

329. *Su curso es interrumpido por la Línea del Corazón.*

Su potencial para ser destacado y realizado no puede ser desarrollado al máximo a causa de una barrera, que es debida a la ausencia del tipo de amor adecuado en su vida. Una vez que este amor cesa, decae su creatividad y entusiasmo.

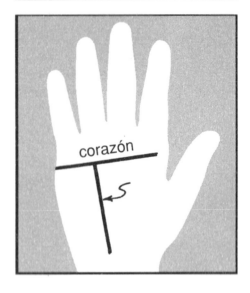

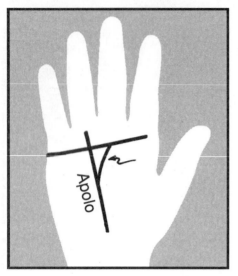

330. Se une con una línea que desciende de la Línea del Corazón.

Mucha gente reconoce su franqueza e integridad. Lo buscan y quieren ser parte de su bondad. Además, le darán una mano y preservarán su dignidad en tiempos difíciles. Usted florece ante los demás.

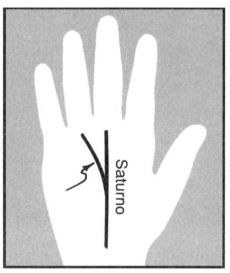

331. Se origina de la Línea de Saturno.

Es una línea de distinción que predice éxito al establecer una gran reputación. Su mayor posibilidad de triunfo es en un campo que requiera alta sensibilidad. Su único obstáculo es la dificultad de manejar las presiones y obligaciones de su progreso.

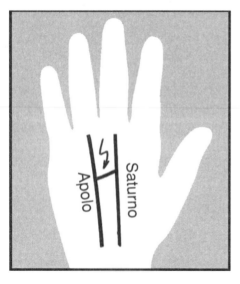

332. Se une a la Línea de Saturno por medio de una clara ramificación.

Pueden significar una sociedad legal. También puede indicar el matrimonio con una persona de intereses opuestos, que hace que las cosas cambien.

La Línea de Mercurio

333. No aparece.

No tener esta línea es una excelente señal. Su ausencia denota una fuerte constitución y un estado mental saludable. Su confianza y seguridad frente a la vida lo mantienen en buena condición física y mental.

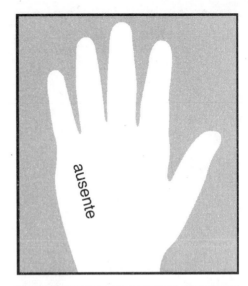

334. La Línea es curva.

La naturaleza le ha dado órganos fuertes y una constitución robusta. Su buena salud puede mantenerse siempre y cuando no abuse en exceso de su cuerpo. Tiene un temperamento bastante sensible, con inspiraciones y una clarividencia de orden superior. Algunos de sus sueños nítidos suceden en la realidad. Usted inspira a los demás.

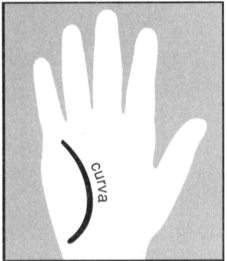

335. La Línea es fraccionada y discontinua.

No tiene el poder de resistir tentaciones. Una vez que quiere algo debe conseguirlo a cualquier costo. La disciplina no le funciona, pues sus deseos son demasiado fuertes. Los demás esperan el momento para debilitarlo y sacarlo de su posición.

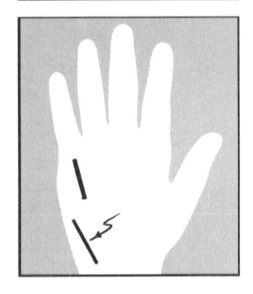

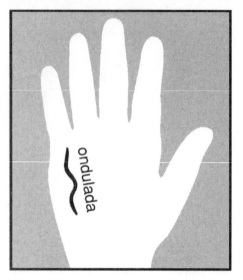

336. La Línea es ondulada.

Es adicto al tipo de comida no muy conveniente, y entre más la come, más la desea. Especialmente le gusta lo aceitoso, crujiente y tostado. Para usted es muy difícil encontrar algo para hacer más importante que la comida; sólo experimentando felicidad consigo mismo, su mente desviará esta actitud.

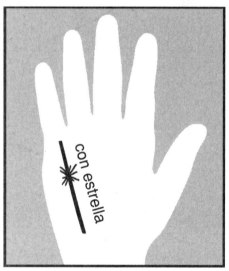

337. La Línea tiene una estrella.

Es una persona multifacética que despliega un gran talento en muchas direcciones. Si busca el éxito verdadero y encuentra un talento que pone a trabajar para usted, tendrá que volver a aplicar sus capacidades elementales. Tiene un profesionalismo innato a causa de su tendencia a examinar las cosas y solucionar problemas. Una vez se siente confiado para comenzar, su seguridad aumenta, hace mucho más de lo que ha imaginado.

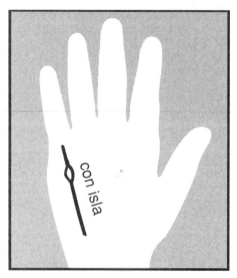

338. La Línea tiene una isla.

Una isla cerca a la muñeca es la señal de una persona que recibe mensajes de clarividencia importantes a través de sueños. Si está lejos de la muñeca significa que se levantará de la bancarrota. Esta ruina le enseñará todo el duro camino que necesita conocer para conseguir permanentemente el éxito por segunda vez. Si esta línea tiene varias islas, tendrá quiebras sucesivas.

339. La Línea está formada por barras alineadas que dan la forma de una escalera.

A causa de su terquedad se mantiene firme ante las cosas cuando los demás ya se han rendido. Tiene un problema crónico de desempeño. En los negocios, las cosas podrían empezar a retroceder por su culpa. Tiene una preocupación que incrementa los problemas. Si alguna persona le dijera qué es lo que está mal, sería muy dudoso que usted escuchara. Sería conveniente un cambio de profesión o de negocios.

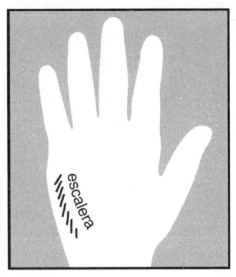

340. La Línea es fraccionada e irregular.

Tiene hábitos de trabajo erróneos. Se distrae fácilmente, y cuando reanuda su labor, se encuentra completamente desubicado. Le toma más tiempo que a la mayoría terminar un trabajo y rara vez le resulta satisfactorio. No toma muy en serio la disciplina.

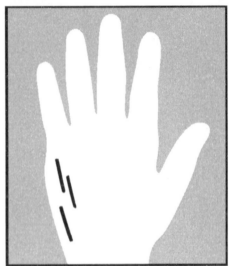

341. Está formada de pequeñas ramificaciones onduladas y fracciones de líneas curvas.

No es la persona más fácil de complacer en el mundo. Internamente es demasiado inquieto. Si aprendiera a usar su raciocinio, descubriría que está soportando los malestares y preocupaciones de otras personas. Tiene habilidades psíquicas y magnéticas; podría arrojar contribuciones significativas en vez de adoptar actitudes contagiosas.

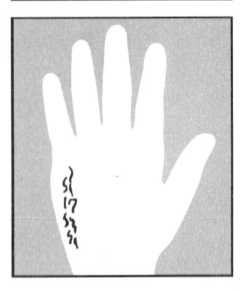

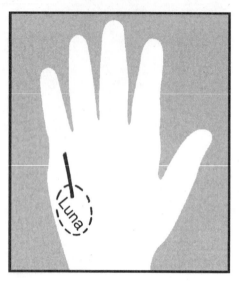

342. La Línea va directamente al Monte de Mercurio, eludiendo el Monte de la Luna.

En su preocupación por una vejez saludable, mantiene una actividad enérgica para estar en forma. Tiene una aptitud especial para recordar un gran número de sucesos. En su extraordinario banco de memoria ha almacenado también muchos hechos dolorosos de su pasado. Compensa todo lo perdido dándole bastante importancia al dinero, que lo hace más feliz que cualquier otra cosa.

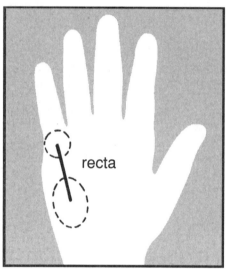

343. La Línea tiene una forma perfecta (partiendo del Monte de la Luna hacia Mercurio).

Son muchas sus facultades: una gran aptitud para los negocios, una disposición alegre, vitalidad, actitud optimista, ingenio, buen sentido del humor, un sistema nervioso estable...y otras más. El más fuerte talento es su poder hipnótico sobre los demás, que tal vez no ha descubierto aún. Su impacto sobre la gente, más dichas habilidades hipnóticas podrían guiarlo hacia una carrera política exitosa.

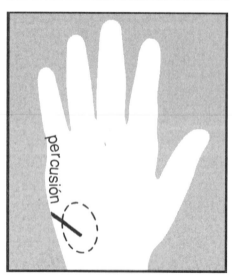

344. La Línea está bien formada con contornos casi ideales.

Piensa clara y precisamente; además, es capaz de dintinguir entre realidad y fantasía. Aunque tiene una gran imaginación, mantiene los pies sobre la tierra y se concentra en objetivos reales e inmediatos. Los sueños le dan perspicacia sobre las cosas. Es fuertemente influenciado por la primera impresión.

345. La Línea avanza sobre el área superior del Monte de la Luna.

Hay elementos de realidad detrás de sus presentimientos e ideas. Está buscando responder una pregunta que ha tenido por años. Siente que ha visto esta respuesta muchas veces, pero no es capaz de reconocerla.

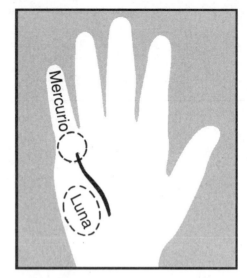

346. La Línea avanza directamente del Monte de la Luna hasta el Monte de Marte.

Esto puede indicar que miembros de su familia pueden ser también sus mejores amigos o compañeros de negocios. Lucha por su libertad de expresión. Es más serio que alegre. Es el tipo de persona que podría involucrarse a fondo en la política.

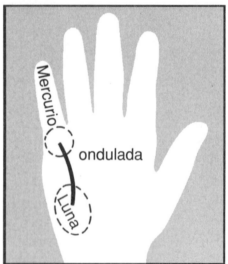

347. La Línea cruza el Monte de la Luna y se dirige a la percusión de la mano.

Su carácter es tan impredecible y caprichoso como el mar. Sabe como encontrar las personas usando un humor y expresiones que cambian para ajustarse a la situación. Usted está lleno de misterio, y a veces apenas logra entenderse a sí mismo y comprende el por qué de ciertas cosas.

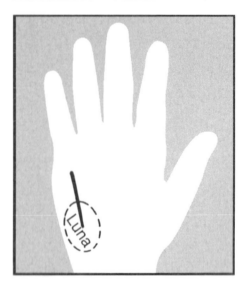

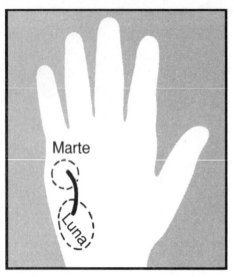

348. La Línea comienza en el Monte de la Luna y se extiende en forma curva hacia el Monte de Marte.

Es de una naturaleza tan bondadosa, que no es feliz sino hasta que todos a su alrededor lo están. Cuando las cosas andan mal, sorprende a todo el mundo con ánimo y esperanza. Tiene capacidad de persuadir y usa esta actitud a favor de otros.

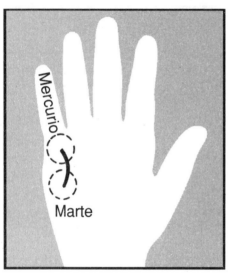

349. La Línea pasa del Monte de Marte al Monte de Mercurio.

Es una persona emocionalmente delicada con mucha chispa e ingenio. Si pudiera controlar su ira, su astucia lo podría hacer triunfar en los negocios. Necesita pasatiempos agradables y constructivos que lo tranquilicen y refuercen su vitalidad.

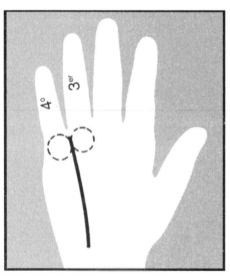

350. La Línea está entre las bases de sus dedos anular y meñique.

La dirección de esta línea indica una recompensa que viene en camino como resultado de un esfuerzo largo y concentrado de resistencia sobrehumana. De repente será el centro de atención, y esto renovará su espíritu y fortaleza. Su trabajo será algún día tenido en cuenta y apreciado por muchos.

351. La Línea comienza en el centro de la mano y se extiende hasta el Monte de Mercurio.

Esto significa que usted es muy sensible al critisismo. Es físicamente ambicioso y tiene una personalidad alegre que atrae admiradores. Vive alerta y exige satisfacción inmediata a sus necesidades. Le gusta hablar y es un conversador fascinante.

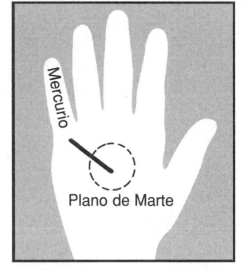

352. La Línea cruza el Plano de Marte (centro de la palma) de manera tortuosa.

Su percepción de los malestares físicos es altamente exagerada. Esto es, físicamente las cosas no son tan malas como se sienten. Puede mantenerse con buena salud incluyendo en su rutina diaria actividades moderadas al aire libre. Es esclavo de sus actividades ordinarias, y le tomará mucho tiempo desarrollar una actividad física adecuada.

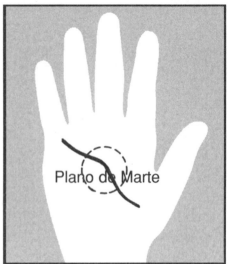

353. La Línea cruza el Plano de Marte sin interrupción.

Esta es la marca de una larga vida. En ocasiones ha exagerado su preocupación por su salud. Es una persona autosuficiente. Le gustan los negocios. Es serio y directo.

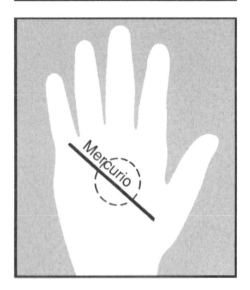

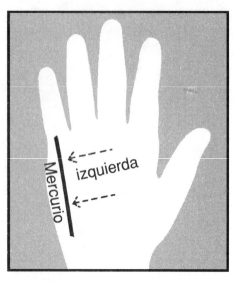

354. La Línea está ubicada sobre el lado de percusión de la mano.

Tiene una disposición de duda y a causa de esto no aprovecha su clarividencia. No ha estado en paz por mucho tiempo. Ira, frustración y cambios rápidos en su vida han aumentado su preocupación.

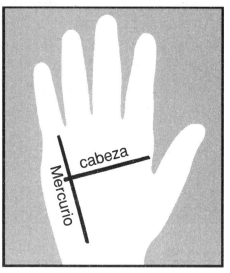

355. Es larga, derecha, definida y se intercepta con una Línea de la Cabeza también larga y derecha.

La persona con esta marca debe tener una excelente memoria. Ya que la línea de Mercurio es además llamada la línea del Hígado; su dieta e ingestión de grasas podrían influenciar su mente. Si quiere agudizar su memoria con esta línea, se aconseja evitar grasas animales, comidas dulces y exceso de alcohol.

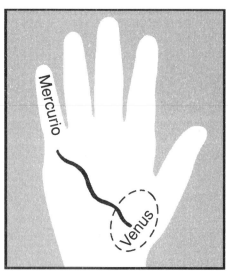

356. La Línea es ondulada y comienza en el Monte de Venus y avanza a través de la palma hacia Mercurio.

Desea tener la diversión y el placer en la vida que el tiempo permita. Tiene la tendencia a adquirir hábitos poco saludables. Además toma actitudes e ideas que lo agotan. Necesita dejar atrás sus sentimientos negativos.

357. La Línea empieza en el Monte de Venus y se inclina hasta la percusión.

El amor es el motor de su vitalidad. Su optimismo, ingenio y espíritu disminuyen cuando el amor no está a su alrededor. Lo más importante que pierde cuando siente que nadie lo ama es su propósito sobre las cosas. Una vez que se siente seguro emocionalmente, recupera la dirección en la vida.

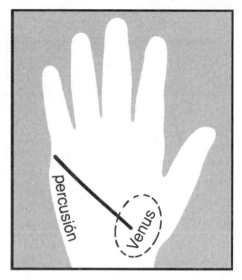

358. La Línea se inclina hacia la percusión y tiene una especie de estrella.

Tendrá la buena fortuna de encontrar una persona de quien su amor y consideración lo ayudarán a formar en usted un nuevo ser. El amor que esta persona le ofrece lo convertirá el alguien activo y descubridor.

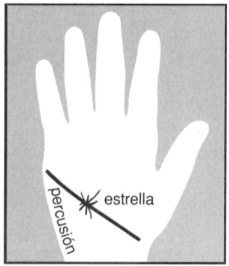

359. Está inclinada y se intercepta con la Línea de Saturno.

Su espíritu de vitalidad y optimismo es constantemente controlado por su carácter temeroso. Su exagerado comportamiento preventivo lo hará aparecer ante los demás como formal e inflexible. Supersticiones viejas, que heredó de su familia, limitan el alcance de sus actividades.

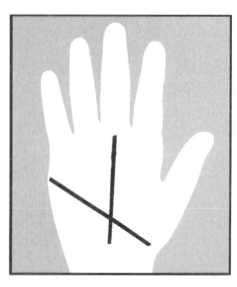

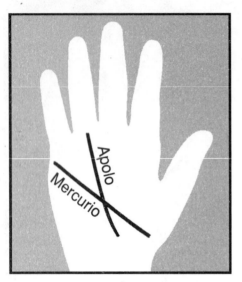

360. Está inclinada y se intercepta con la Línea de Apolo.

Se conmueve rápidamente respecto a la belleza y la compasión. Su habilidad para tener éxito tiene las raíces en su voluntad para experimentar. Está en al tarea de hacer del mundo algo hermoso.

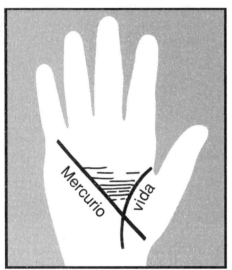

361. Se conecta con la Línea de la Vida por medio de numerosas líneas secundarias.

Puede ya haber descubierto que tiene poderes ocultos. Esta configuración indica que debe ser muy reservado acerca de sus habilidades extrasensoriales. Sus parientes y amigos se oponen al uso de este potencial. Ha sido herido muchas veces por los demás y está tentado a usar sus poderes para ajustar cuentas.

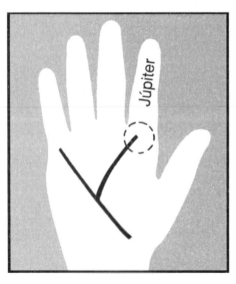

362. La Línea se une a una gran ramificación procedente del Monte de Júpiter.

Una nueva aventura en los negocios le dará la confianza para ingresar al terreno desconocido de la riqueza. Hasta entonces, no deje de ayudar a sus amigos. Muestra mucha capacidad de liderazgo y finalmente encontrará la satisfacción con este talento.

363. La Línea se une con una ramificación que cae del Monte de Saturno.

En muchas de las cosas que hace, ve el lado oscuro y espera lo peor. Excluye toda clase de sorpresas agradables. Su pensamiento es moderado y conservador. Todas sus acciones son bastantes controladas. Su vida es planeada completamente. Esta particular línea palmar es la señal de éxito en personas que manejan intercambio de dinero.

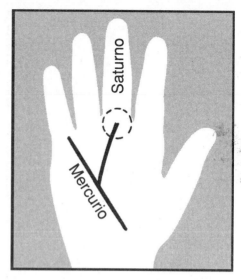

364. La Línea se une a una gran ramificación procedente del Monte de Apolo.

Tiene una personalidad agradable y es un pensador astuto. Las personas con esta combinación logran la independencia en los negocios.

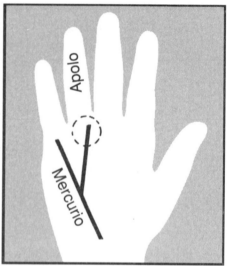

365. La Línea termina en forma de tenedor sobre el Monte de Mercurio.

Su tiempo y energías se reparten entre dos objetivos. Algo muy favorable sería esperar después de escoger sólo uno de ellos. Uno de sus principales talentos podría ser aplicado en una ocupación relacionada con la salud. Después que sepa cómo hacer feliz a los demás, es posible que quiera aprovecharse de esto.

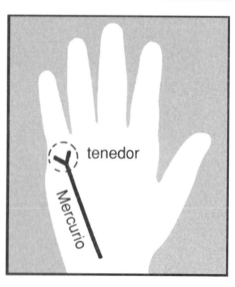

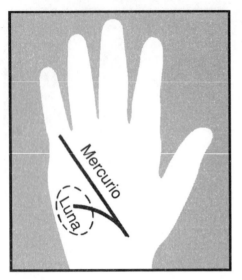

366. De ella sale una ramificación que se dirige al Monte de la Luna.

Un compromiso con asuntos de menor importancia pueden llevarlo a una obsesión inquietante. Sobresale manejando el lenguaje escrito. Es la clase de persona que ama los detalles triviales. Podría aprovechar su condición y fortalecer todas las inseguridades convirtiéndose en un maestro en el arte de escribir.

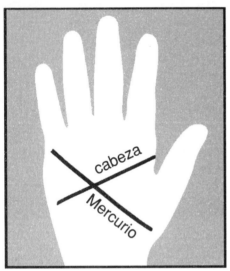

367. Forma una "X" con la Línea de la Cabeza.

Tiene un sexto sentido bien desarrollado. Aprender a usar estos poderes podría dar fin a sus problemas, aunque algunos de ellos sean tan indisolubles que usted hubiera entregado sus capacidades especiales para librarse de ellos. Nadie puede darle las respuestas que busca, así que finalmente utilizará su potencial para quitar la carga pesada que soporta.

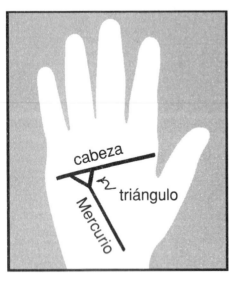

368. Finaliza en forma de tenedor y forma un triángulo con la Línea de la Cabeza.

Su lógica está gobernada por nostalgias y deseos muy cimentados. Trata de satisfacerlos de todas las maneras posibles. Su temperamento se caracteriza por su singular empuje mental para complacer estas necesidades. La verdadera fuente de estos impulsos es una carencia de realización intelectual. Su mente requiere los desafíos que pocas veces tiene.

369. De ella surge una ramificación ascendente que se une con la Línea de la Cabeza.

Está cósmicamente llamado a seguir una carrera científica o literaria. Su amor por los detalles de las cosas y la solución de crucigramas podría ser enfocado al desarrollo de una exitosa realización profesional. Además de una buena inteligencia, esta configuración denota poder sobre los demás. Ya que es un gran observador en muchas ocasiones puede diagnosticar y curar sus propias enfermedades.

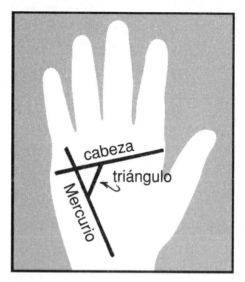

370. Empieza cerca a la muñeca y a la Línea de la Vida, pero luego se separa de esta última.

Tiene el secreto de escuchar su propio cuerpo. Percibe cuando no funcionan los delicados mecanismos de su cuerpo. A través de los años ha adquirido hábitos saludables que lo ayudarán a vivir una vejez tranquila. Un factor importante es una correcta relajación; además, necesita más descanso que la mayoría para mantenerse bien.

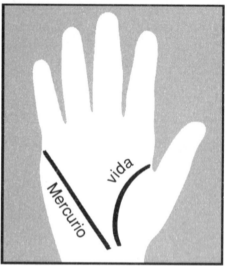

371. No se cruza ni se une a la Línea de la Vida.

Es aconsejable que se mantenga en silencio al lado de los que no son sus verdaderos aliados. Esfuércese por mejorar su personalidad hasta el punto que se mantenga firme en lo que dice sin flaquear. Está luchando por un mayor grado de confianza en sí mismo, pero no lo ha conseguido porque no ha experimentado aún éxitos importantes en su trabajo. Se le aconseja que siga tras sus objetivos y promesas.

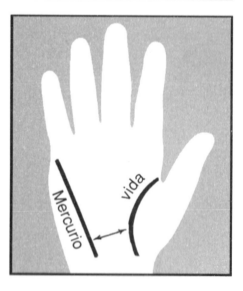

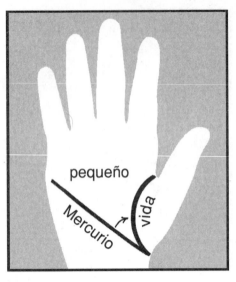

372. Forma un ángulo pequeño con la Línea de la Vida.

Siente la necesidad de recolectar y acumular cosas. Esto compensa el amor que no le ha sido concedido. Tiene un buen corazón y haría cualquier cosa por un amigo. A menudo se desmotiva con sus amistades, ya que siente que no le corresponden,de la forma que merece.

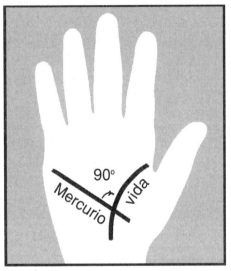

373. Forma un ángulo recto cuando se intercepta con la Línea de la Vida.

Establece reglas estrictas consigo mismo y trata de ajustarse a ellas. Siente un gran orgullo de su fidelidad ante las causas. Se esfuerza por ser un ángel. Expresa su bondad con generosidad. La integridad es lo más importante para usted.

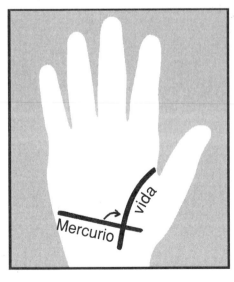

374. Forma un ángulo obtuso (mayor de 90 grados) con la Línea de la Vida.

Algunas personas con esta línea les cuesta trabajo levantarse en la mañana. Otros les gustaría pasar el resto de sus vidas en una cama. Las horas nocturnas son las de mayor creatividad. Es impaciente y pierde el genio con las personas que ve menos inteligentes que usted.

375. Forma un gran triángulo con las Líneas de la Cabeza y de la Vida, con lados de igual longitud (a=b=c).

Tiene una disposición de amistad moderada y bien balanceada. Una gran valentía reemplaza sus planes. Es razonable y transigente en su trato con los demás, siendo invariable y ganando respeto. Tiene una capacidad avanzada de razonamiento y se mantiene firme en sus principios.

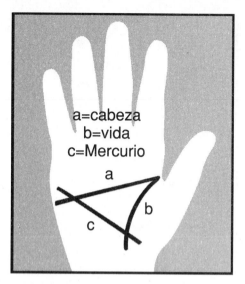

376. Forma un triángulo pequeño con las Líneas de la Cabeza y de la Vida.

Se preocupa de detalles insignificantes e innecesarios los cuales no le permiten finalizar a tiempo trabajo importante. Es intolerante consigo mismo y se molesta porque no puede hacer todo lo que quiere. Además le teme a las decisiones.

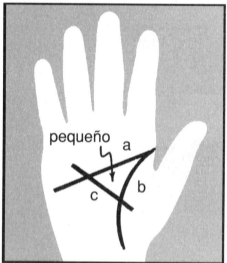

377. Forma un triángulo bastante grande con las Líneas de la Cabeza y la Vida.

Entre más grande sea el triángulo, mejor será su poder de recuperación. Su visión de la vida es amplia y su campo de acción siempre se está expandiendo. Trata de mejorarse a sí mismo y cada cierta cantidad de años se transforma practicando en una persona diferente.

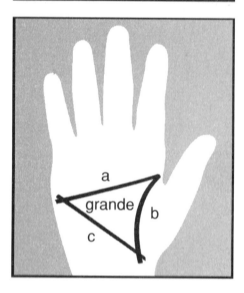

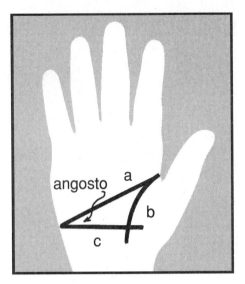

378. El ángulo superior izquierdo, del triángulo formado con las Líneas de la Cabeza y la Vida, es agudo (menor de 90 grados).

Le gusta la cautela. Su sentido común y honestidad lo hacen un amigo muy formal. Los demás confían en usted demasiado para su propio bienestar. Sabe cómo vestirse y tiene un fino sentido del decoro y la elegancia.

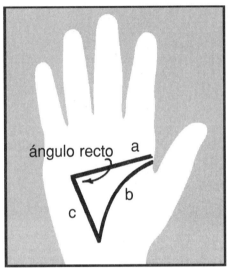

379. El ángulo superior izquierdo (del triángulo que forma con las Líneas de la Cabeza y la Vida) es claramente recto (90 grados).

Su mente está siempre activa con ideas concretas y constructivas. Le gusta aplicar lo que descubre en proyectos prácticos. Tiene un juicio preciso para las dimensiones y proporciones. Desea involucrarse en proyectos complicados.

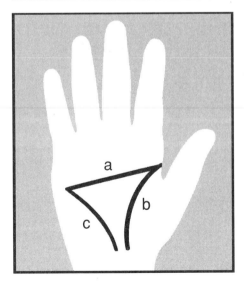

380. El ángulo inferior (formado al interceptarse con las Líneas de la Vida y de la Cabeza) no se cierra.

Las actividades y el trabajo forman una parte integral de su vida. Le gusta estar ocupado y nunca se detiene. No está satisfecho sino hasta que está haciendo algo. Un deporte profesional le da gran satisfacción.

381. Se une con las Línea de Saturno y de la Cabeza para formar un triángulo.

Esta combinación indica que tiene una aptitud natural para el estudio de detalles complejos. De forma innata entiende la armonía que gobierna nuestro universo. En realidad ama la naturaleza.

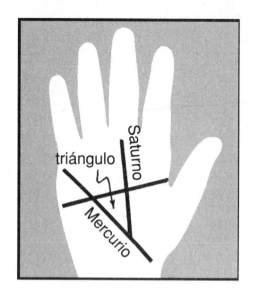

Monte de Júpiter
(montículo carnoso bajo el dedo índice)

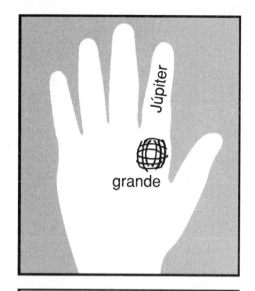

382. El Monte está bien formado.

Mantiene sus sentimientos de amor en una perspectiva adecuada. Su alegría y humildad son rasgos que lo hacen agradable. Además está dotado con la capacidad de saber hablar, la cual impresiona a los demás. Para usted son importantes una buena calidad de vida y lugares cómodos. Tiene lo que algunas personas llaman "el encanto del viejo mundo".

383. El Monte es pequeño y no está bien formado.

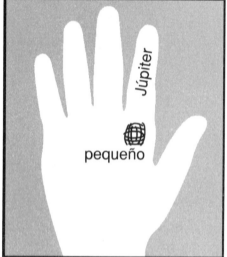

Le hace falta el orgullo y la dignidad personal que ha ganado legítimamente. Se siente mal porque no ha realizado todas las cosas que se propuso. Su sensibilidad está disminuyendo su confianza en sí mismo. Grábese en la mente que "el respeto" es su derecho natural, y se sentirá más seguro internamente.

384. El Monte se ha desplazado a la izquierda.

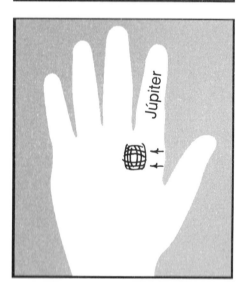

Detrás de su capacidad de liderazgo (comunicación enérgica de conocimiento, amor por la autoridad y habilidad para enseñar) está una personalidad sensible que mira las cosas de diferente manera. Además se encuentra fuera del promedio, pues lo que busca es sabiduría y conocimiento.

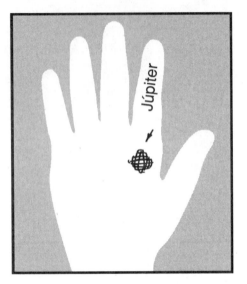

385. El Monte se encuentra desplazado al centro de la palma.

Tiene más conciencia de sí mismo, de su vida interior y sus sentimientos que la mayoría de las personas. Esta introspectiva hace que tenga una firme autocrítica y se alarme fácilmente. Involucrándose en proyectos divertidos podría ayudarlo a olvidarse de sí mismo. Consigue mucha sabiduría mediante sus reflexiones y llegará el tiempo que la compartirá con los demás.

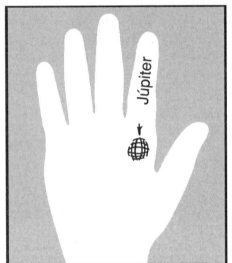

386. El Monte se ha desplazado hacia el Marte superior.

Tiene una tentación irresistible de dominar a los demás. Alguien lo consintió, dejándole desarrollar su manera de ser por mucho tiempo. Tiene una gran opinión de sí mismo y se enoja cuando lo contradicen. Le gusta superar a lo que se opone a usted.

Monte de Saturno
(montículo carnoso bajo el dedo medio)

387. El Monte es bien formado.

Esta formación le da seriedad y cautela a su carácter. Tiende a creer que las cosas no mejoran y espera temerosamente por su suerte final. Piensa que pasar el tiempo en lugares tranquilos y retirados lo rejuvenecerá, y que pasando en buena compañía logrará dicho objetivo más rápido.

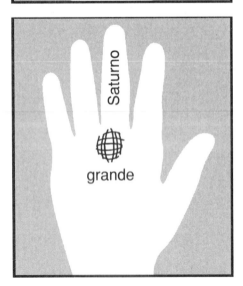

388. El Monte es pequeño.

Se introduce fácilmente en la melancolía y vive con un leve temor por algo. No disfruta de la vida como debiera a causa de sus presentimientos. Si enfrenta el fantasma, será una persona diferente. El darle mucha importancia a la lealtad lo hace perder amigos. Tiene convicciones religiosas firmes e inquebrantables.

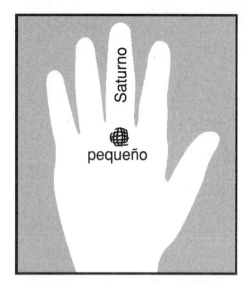

389. El Monte se ha desplazado hacia Júpiter.

Su disposición buena y natural y su seguridad atrae a los demás, que llegan a usted buscando esperanza y consuelo. Incrementando constantemente su confianza en sí mismo, logrará un progreso estable en la vida.

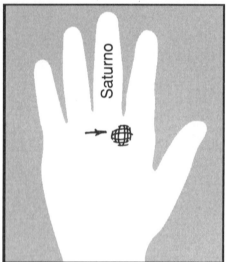

390. El Monte se ha desplazado hacia Apolo.

Este cambio indica el lado más sombrío de su personalidad que debe ser conciliado. Desarrolla un amor en forma solitaria y saca provecho de una rutina de contemplación pacífica de las cosas. Tiene ideas fuertes, positivas y continuas que debería aplicar en la realidad.

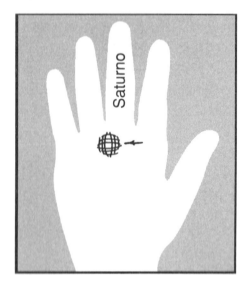

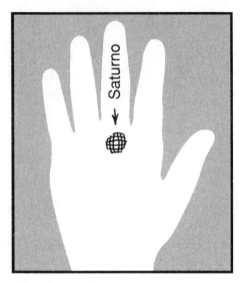

391. El Monte se ha desplazado hacia la Línea del Corazón.

Guarda tristes recuerdos sentimentales. Entre más tiempo lo haga, se volverá más insensible y menos compasivo. Si se aferra a la vida será nuevamente feliz. Su amor natural es reemplazado por venganza y dolor.

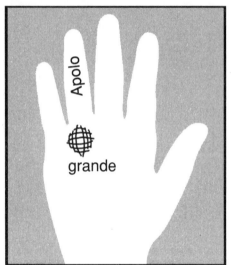

Monte de Apolo
(montículo carnoso bajo su dedo anular)

392. El Monte está bien formado.

Tiene el deseo de brillar ante los ojos de los demás. Se entusiasma con la belleza de la cosas. Quiere construir una casa hermosa y rodearse con artículos de arte. Le gusta la abundancia y el lujo. Su naturaleza es brillante y compasiva. Encuentra y crea belleza en cualquier lugar.

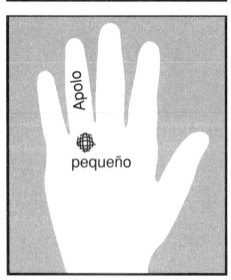

393. El Monte es pequeño.

Aunque usted se inclina al materialismo y quiere una doble seguridad para su futuro, aparece su corazón noble en medio de esta actitud. Tiende a tener muy poco dinero por ayudar a los amigos necesitados. Aunque es muy bueno para los negocios, de algún modo finaliza haciendo fortunas para otros. Por defender a los desvalidos, finalmente se convertirá en uno de ellos.

394. El Monte se ha desplazado hacia Saturno.

Un ilimitado amor por los niños y las mascotas mantiene vivo su instinto paternal. Su naturaleza es amable, cálida y paciente. Para tener su vida en equilibrio, necesita una porción diaria de amor, y queda perplejo cuando no lo tiene.

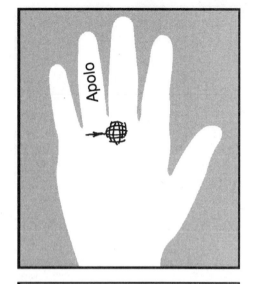

395. El Monte se ha desplazado a Mercurio.

Este desplazamiento indica amor por los bienes materiales. Tiende a querer más a los animales que a los niños. Teme encarar situaciones que requieran compromiso total, y ama su libertad por encima de los placeres producidos por fuertes vínculos familiares.

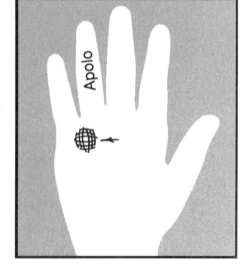

Monte de Mercurio
(montículo carnoso bajo el dedo meñique)

396. El Monte está bien formado.

Es inteligente, elocuente y rápido para reaccionar. Tiene cualidades mentales inexploradas y posiblemente podría sobresalir en un campo que lo estimule intelectualmente. No tiene una noción fija de lo que quiere hacer en la vida y podría cambiar sus planes en un momento dado.

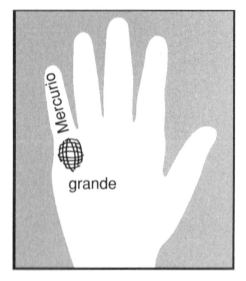

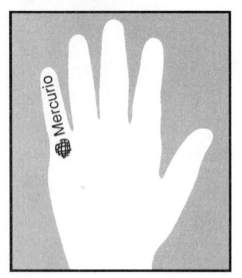

397. El Monte es pequeño.

Tiene un espíritu bajo y su autoestima se está hundiendo. Escucha a sus amigos y parientes, y las opiniones que le dan lo enloquecen. Desea superar sus actitudes autodepresivas, pero de algún modo finaliza con la compañía equivocada. Debe aprender a ignorar lo que los demás piensan de usted.

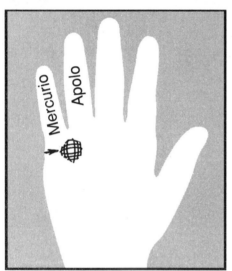

398. El Monte se ha trasladado hacia Apolo.

Esto tiende a crear un carácter que toma la vida con poca seriedad. Considera ridículas las cosas que a la mayoría de las personas les preocupa. La gente se burla de usted por no ser realista, pero eso no le importa. A veces se ríe de las cosas como una forma de alivio.

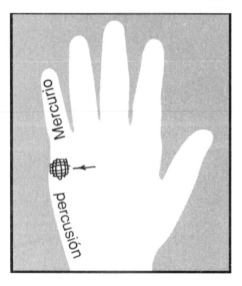

399. El Monte se ha desplazado hacia la percusión de la mano.

Este desplazamiento le da a su personalidad un toque de valor. Tiene la capacidad de trabajar bajo tensión sin temor alguno. Es rápido para reaccionar y no se deja intimidar por los golpes que da la vida.

400. El Monte se ha desplazado hacia la Línea del Corazón.

Esto marca su habilidad para levantarse en tiempos de crisis y salir adelante. Exhibe un espíritu excelente y audacia en situaciones donde otros entrarían en pánico. Tiene el sueño de combinar su valentía con una actividad práctica para aliviar el caos y sufrimiento del mundo.

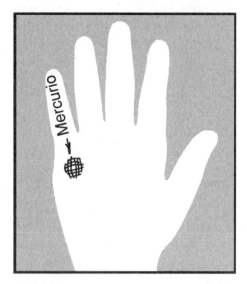

Monte superior de Marte
(está debajo del monte de Mercurio)

401. El Monte está bien formado.

Un montículo carnoso grande aquí da valentía, resistencia y atracción por el peligro a su vida. Con valor puede mantener el genio constante durante cualquier trastorno. No se rinde fácilmente. Está acostumbrado a su manera de ser. A veces siente que es indestructible.

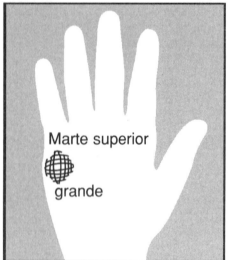

402. El Monte es pequeño.

Tiene la dificultad de aceptar responsabilidades. Reacciones apresuradas sin el debido planeamiento le traen cambios lamentables a su vida, que toman años en ser conciliadas. Cede fácilmente a las presiones externas. Siente que en realidad no progresa en la vida.

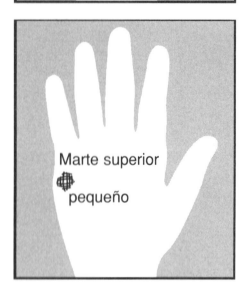

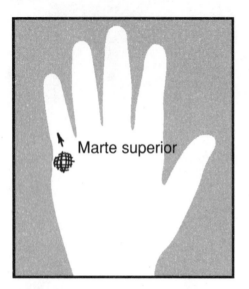

403. El Monte se ha desplazado hacia el Monte de Mercurio.

Es una señal fortificante, tiene un enorme poder de resistencia, al decir "NO" a la derrota en todo momento. Tiene éxito frente a los objetivos de su vida, no a causa de golpes de suerte, sino debido a que no se detiene ante nada para realizar lo que se ha propuesto.

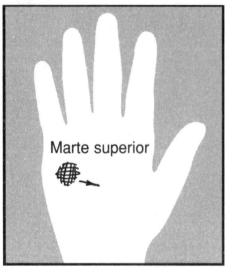

404. El Monte se ha trasladado al centro de la palma.

Este pequeño montículo da a su carácter un lado agresivo y valeroso. Está tentado a explorar estos rasgos de su personalidad. Su carácter sufre un cambio completo una vez que comienza a hacer las cosas que más teme.

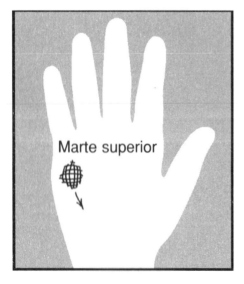

405. El Monte se ha desplazado hacia el Monte de la Luna.

Las personas creen que es sumiso, pero no es así. Su gran paciencia y tranquilidad es tomada a menudo por timidez. Esto es realmente una reserva interna enorme. Sus ojos y su voz inculcan paz a los que se encuentra. Además tiene poderes hipnóticos.

Monte de la Luna

(montículo carnoso en la base de la mano)

406. *La parte superior del Monte está bien formada.*

Su mente es rica en imágenes y colores, además es estructurada y ordenada; de ese modo, es experto en manejar situaciones nuevas y difíciles. Se sitúa bien en una profesión donde puede aplicar su originalidad y frescura. Se realiza como un profesor o un autor.

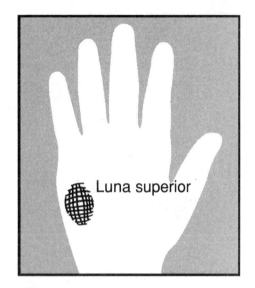

Luna superior

407. *La parte media del Monte está bien formada.*

Tiene una gran aptitud para los negocios. Se está esforzando por un negocio hecho por usted mismo, en el que pueda aplicar su creatividad e imaginación.

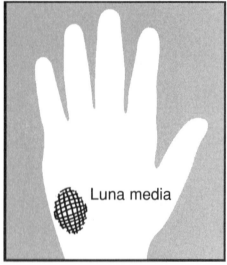

Luna media

408. *La parte inferior del Monte está bien formada.*

Tiene un constante anhelo por lo imposible y lo poco práctico. Su capacidad de imaginación es bien desarrollada; de este modo, usualmente su imaginación lo hace vivir fantasías con las que puede escapar de la realidad.

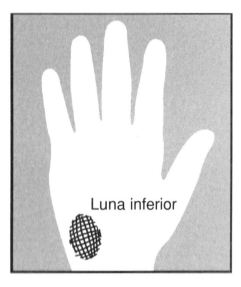

Luna inferior

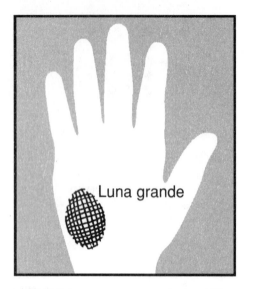

409. El Monte es grande.

El tamaño de este monte es un reflejo de la dimensión de su imaginación y sentimentalismo. En su vida es muy importante encontrarse en lugares completamente hermosos. Viajaría la vida entera en busca del escenario perfecto en armonía para vivir. Es introspectivo y frecuentemente prefiere escuchar en vez de hablar.

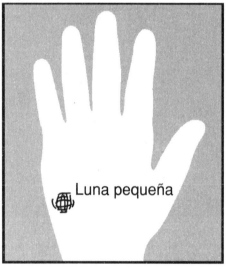

410. El Monte es pequeño.

Es inquieto, y busca un refugio en la vida. Se siente vacío y muchas veces pasa los días contando las horas. Rodeándose de personas que lo inspiren dislumbrará ideas nuevas. Está esperando ese momento especial que compensará los fracasos del pasado.

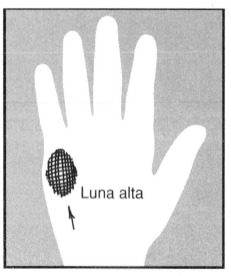

411. El Monte está ubicado más arriba de lo normal.

Esto revela una imaginación activa y enérgica. Conducido por un impulso creativo y artístico, busca la armonía como su principal tema. Esta señal además marca su habilidad para inventar. Trata de mantener firme su imaginación, produciendo así ideas sólidas y maduras que son prácticas en vez de descabelladas e inútiles.

412. El Monte se ha desplazado hacia el borde externo de la palma (la percusión).

Esta formación trae además del don de la imaginación, la semilla de la envidia que le causa malestar. Su imaginación lo engaña, exagerando así los ingredientes de dicha envidia. Está en guardia, protegiéndose de los demás, incluso de las personas fieles.

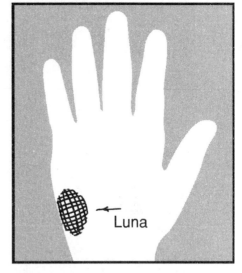

413. El Monte se ha desplazado hacia la muñeca.

Tiene una gran imaginación, viva y salvaje. Sucumbe fácilmente ante sueños y sugerencias. Este "deseo de estar en algún otro lugar", es un rasgo de su personalidad que necesita ser impulsado a fondo para poder obtener una inspiración nueva y fresca.

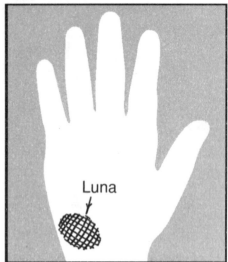

414. El Monte se ha trasladado hacia el Monte de Venus.

Su imaginación desencadena reacciones emocionales, que a su vez arrojan ilusiones menos convenientes. A menudo es víctima de sus fantasías emocionales. Necesita levantarse para encarar sus temores y experimentar así una liberación sin igual.

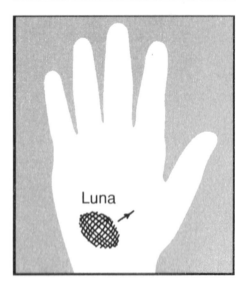

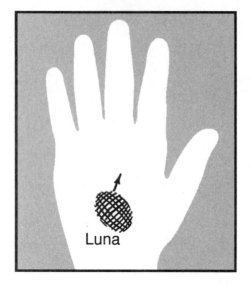

Luna

415. El Monte se ha desplazado hacia la mitad de la palma.

Posee cierto poder para guiar y controlar a las personas. Está alerta, reacciona rápido y tiene ideas sólidas. Una combinación de fuerzas enérgicas e imaginativas le dan un ritmo rápido al progreso de su carrera profesional.

Monte de Venus
(montículo carnoso en la base del pulgar)

416. El Monte está bien formado.

Es muy generoso por naturaleza. Las principales fuerzas que lo mueven en la vida son el afecto, el amor por la música, la elegancia y la ternura. El tamaño de este monte a menudo se asocia con un cantante o actor talentoso, que con dominio del ritmo divierte a los demás. Su motivación estimula lo que más ha amado.

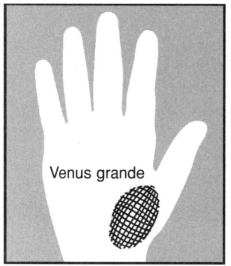

Venus grande

417. El Monte es pequeño.

Disminuyendo su contacto social, le pierde el gusto a la vida. Necesita estar rodeado de belleza y esplendor para recuperar sus sentimientos perdidos.

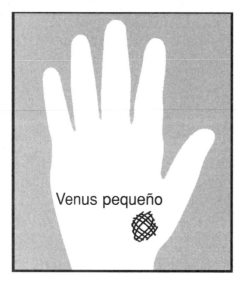

Venus pequeño

418. El Monte está situado más cerca al pulgar.

Sus emociones dominan su voluntad. Su disposición es a menudo demasiado sentimental para dejarle campo a la lógica. Quiere liberarse de la influencia de estas sensaciones y desea reacondicionarse a si mismo para tener aplomo y raciocinio. Una vez que se dirija hacia un objetivo claro, tendrá menos interferencias para avanzar.

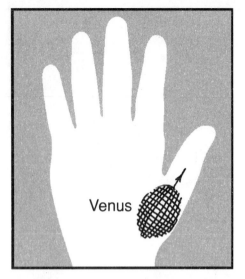

Venus

419. El Monte está situado cerca al centro de la palma.

Esto aumenta la energía de la vitalidad que lo conduce. Es sensual, ama el lujo y las comodidades. Obtiene placeres continuamente del mundo físico y se da gusto con comidas raras y escogidas. Es a la vez tierno y cruel.

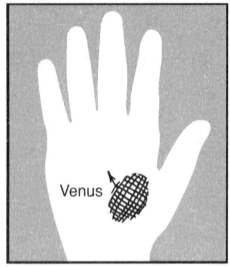

Venus

Monte inferior de Marte
(montículo carnoso cerca a la membrana del pulgar)

420. El Monte está bien formado.

Es una persona activa en la vida y muestra un gran autocontrol, así como también una gran fortaleza interna. Lleva a cabo sus objetivos con un fuerte arranque de energía. Acepta tareas imposibles sólo por probarse a sí mismo que puede hacerlo. Poniendo a prueba su capacidad, algunas veces llegará muy lejos.

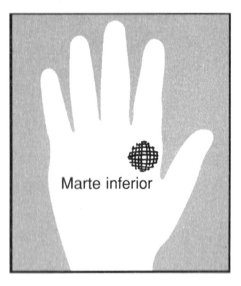

Marte inferior

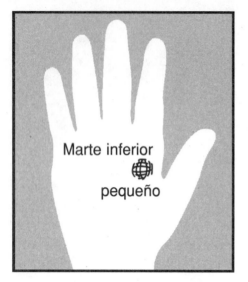

421. El Monte es pequeño.

Le huye a las tareas que demanden una manifestación de valor. Se ha encerrado en sí mismo para protegerse de las exigencias de la vida. Necesita salirse de su escudo protector y comenzar a dispersar ese antiguo coraje. A usted se aplica la regla "entre más haga, más puede hacer".

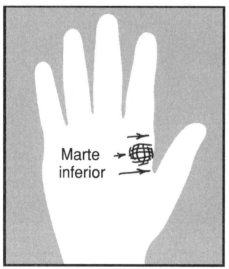

422. El Monte se ha desplazado al extremo de la mano.

Su valor es el producto de su coraje y su gran fuerza de voluntad. Una vez que se decide por algo, nada puede cambiarlo, ni siquiera una fuerza física. Cuando lucha por algo a veces usa el límite de su energía.

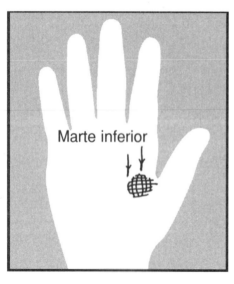

423. El Monte se ha movido hacia abajo.

Su fortaleza y valentía está directamente relacionada con la cantidad de atención y amor que recibe. Cuando está triste es impotente. El amor le da el poder constante que necesita para solucionar los problemas de la vida.

424. El Monte se ha desplazado hacia la mitad de la palma.

Tiene una enorme atracción por un estilo de vida osado. Prospera en medio del peligro. Es adicto a las emociones producidas por una vida riesgosa y busca nuevas formas de probar su fortaleza. Además tiene un instinto hacia el combate.

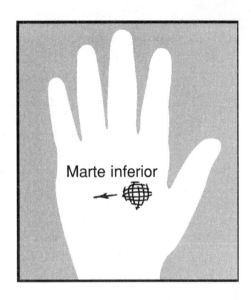

Las marcas en el Monte de Júpiter

425. Una cruz.

Una nueva amistad llena de afecto y sinceridad lo toma por sorpresa y altera su mentalidad. Se casa por amor, no por dinero. Entre más alto se encuentre en la vida, muestra mayor humildad. Es reservado y cortés.

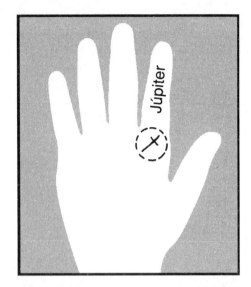

426. Una flecha que apunta hacia arriba o hacia abajo.

Desea liberarse del pasado y deshacerse de recuerdos y reveses, para entrar en una época más feliz. Busca la manera de revivir con energías nuevas y de nuevo estimular su vida.

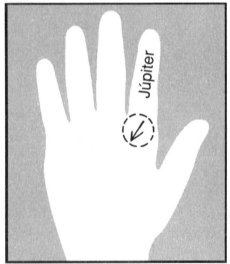

427. Una especie de "N".

Necesita un impulso extra para comenzar. Por mucho tiempo se ha confiado de su buena suerte. Al querer obtener mejores beneficios en la vida, no se confía de la ayuda y motivación de las personas cercanas a usted.

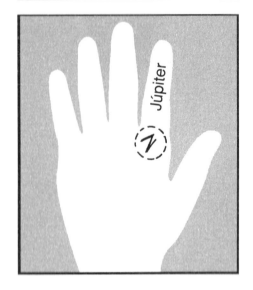

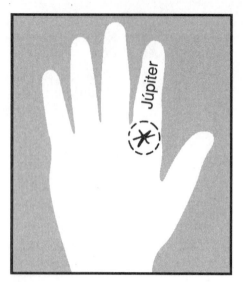

428. Una estrella.

Tiene la habilidad de hablar y hacerse entender por todo el mundo. Su presentación con una persona distinguida cambia su vida. Obtiene la misma distinción y se estimula con una actividad sofisticada.

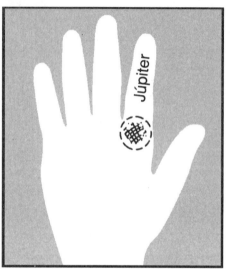

429. Una red.

Una fuerza externa y más fuerte que usted, lo incita a satisfacer su ego. Las frustraciones llegan después que ha elegido lo imposible y es incapaz de enfrentar muchas cosas. Hace preguntas que no se pueden responder. Su orgullo y sus frustraciones lo están excluyendo del matrimonio y otras realizaciones en la vida.

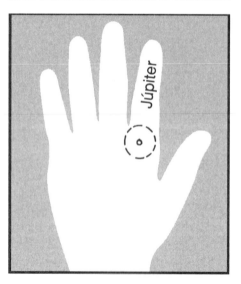

430. Un círculo.

Ante usted aparecen nuevamente tiempos felices. Recibe la compensación por sus notables esfuerzos que han pasado inadvertidos por mucho tiempo. Esto le da un gran impulso y lo convierte en un luchador. Se siente estimulado a enfrentarse a otra clase de esfuerzos.

431. Un triángulo.

Tiene un talento inusual para reconocer lo correcto y justo. La manera en que maneja a las personas hace que se sientan necesitadas y apreciadas. Sus días son organizados desde temprano en la mañana hasta tarde en la noche, y no cambiará este estilo de vida.

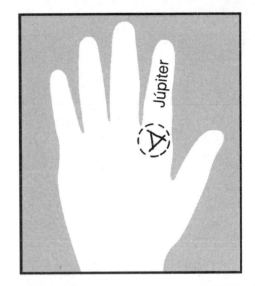

432. Un cuadrado.

Tiene un exceso de ambición que no ha encontrado el camino correcto para dirigirse. Si se siente cansado es debido a la reducción de esta valuable reserva de energía. El cuadrado lo protege de ser susceptible a enfermedades causadas por sobreesfuerzos.

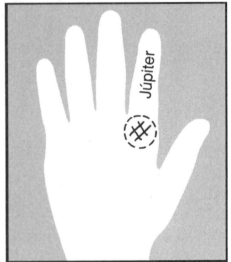

En el Monte de Saturno

433. Una cruz.

Usted no sólo exagera las cosas, va siempre por la borda y se agota por mucho tiempo antes de terminar sus proyectos. A veces se rinde justo antes de obtener el resultado. Planea viajes o eventos, con meses e incluso años de anticipación y los ejecuta casi de acuerdo a un horario.

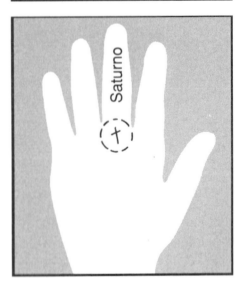

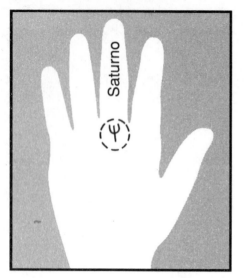

434. Una marca que se parece la letra griega "psi".

Tiene la habilidad de cambiar las cosas usando los poderes de psi. Necesita este poder para salir avante de situaciones imposibles. Esta fuerza que da el psi puede también liberarlo de sentimientos melancólicos y disolver temores persistentes. Además podría volverse alguien muy rico posteriormente.

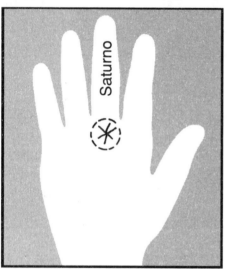

435. Una estrella.

Se encuentra con una persona distinguida y con reputación. Junto a usted trata de hacer historia. Intenta llevarlo por un camino que está por fuera de la ley. Ya que su nombre será muy conocido, es mejor que se mantenga en el lado correcto.

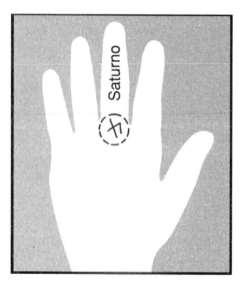

436. El número 4 al revés.

Entiende por intuición las lecciones filosóficas y místicas de la vida de los demás. Gracias a este conocimiento evita las más grandes tragedias de la vida, las causadas por la estupidez. Por consiguiente, debería dedicarse a las preocupaciones de los menos afortunados.

437. Varias Líneas verticales, cortas y paralelas.

Cada línea simboliza una crisis en su vida que fragmentó el orden de las cosas. Mientras el tiempo pasa, estos fragmentos se reubican y le dan un significado a su existencia.

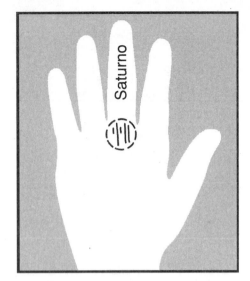

438. Una especie de red.

Es demasiado melancólico y necesita esforzarse el doble que los demás para alcanzar la felicidad. A menudo encuentra que las personas se irritan, porque no entienden su lado serio. Tiene que trabajar muy duro para descubrir su fórmula personal para alcanzar la felicidad.

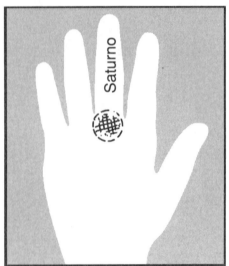

439. El anillo de Venus finaliza en el Monte de Saturno.

La pasión es el instinto que lo domina. No importa que tan duro trabaje contra ella, aún lo gobierna. Es fácilmente atormentado por las tentaciones y es un maestro para esconder estos sentimientos ante los demás. Hay un lado suyo que nadie conoce.

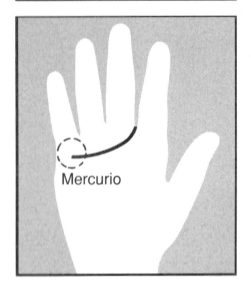

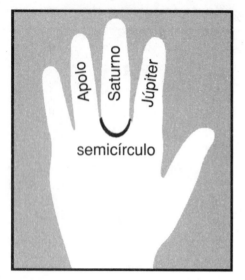

440. El anillo de Venus forma un semicírculo que se origina entre Júpiter y Saturno y finaliza entre Apolo y Saturno.

Es conducido incontrolablemente por una persona que lo impulsa a hacer cosas peligrosas. Se enamora y se desilusiona fácilmente. Es muy exigente con sus amantes y cuando las señales de amor desaparecen, usted se reciente.

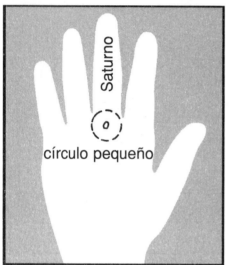

441. Hay un círculo en el Monte.

Se enriquece negociando con productos de la tierra, como minerales, cerámica, vidrio, gemas y metales. Le iría muy bien refinándolos, vendiéndolos o usándolos de forma artística. Involucrándose con todo esto aliviaría además problemas de salud físicos y emocionales.

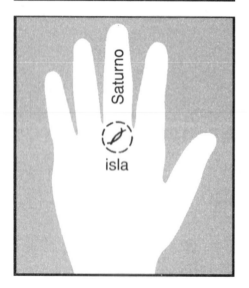

442. Una especie de óvalo.

Es una persona cautelosa por naturaleza. Aunque externamente parece calmado, siempre está alerta porque no le gusta ser tomado por sorpresa. Siente la incesante necesidad de protegerse de sucesos inoportunos.

443. Un triángulo.

Tiene una personalidad misteriosa. Las personas rara vez lo engañan, pues usted luce como alguien correcto. A menudo no tiene a quien contarle sus problemas. Se enfrenta a un mundo triste y melancólico y esta es la causa de su lucha interna. Siente la desgracia a su alrededor y desea usar medios ocultos para encontrar alivio.

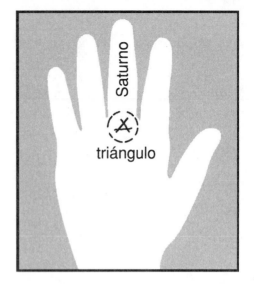

444. Un cuadrado.

Ha salido avante de muchos peligros, tan solo con rasguños. El cuadrado, que lo protege de futuras amenazas no puede borrar las sombras del pasado ni protegerlo de ellas.

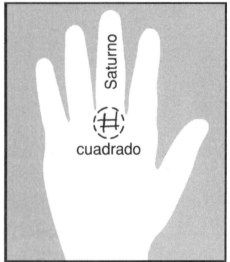

En el Monte de Apolo

445. La Línea del Matrimonio se dirige al Monte de Apolo.

Es una marca envidiable. Entra en unión con alguien influyente. Sus personalidades trabajan juntas para formar un espléndido equipo. Estando unidos hacen más de lo que harían separadamente. Da altura a quien está ante los ojos del público a través de mucha publicidad favorable.

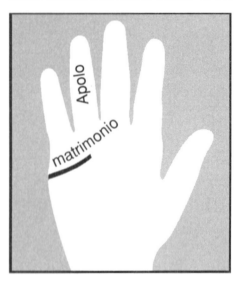

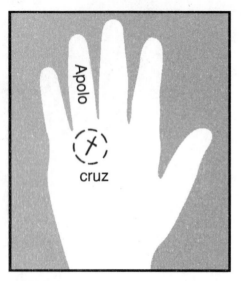

446. Una cruz.

Ha tratado fuertemente de alcanzar el éxito verdadero y ahora está desmotivado a causa de muchos errores. Necesita actuar usando una corriente de energía constante hasta que logre un balance satisfactorio. Para conseguir un óptimo éxito financiero necesita liberar su vida de la envidia y el engaño.

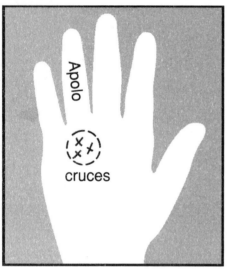

447. Cruces pequeñas.

Casarse le trae ventajas materiales. El dinero producto del matrimonio puede ser destructivo a menos que lo combine con el afecto. Cualquier engaño o envidia que se presente destruirá su seguridad económica.

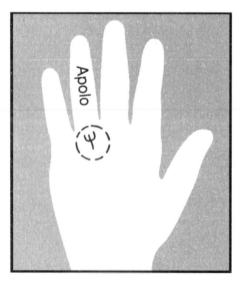

448. Una marca parecida a la letra griega "psi".

Esta es una señal favorable que lo motiva a atreverse a enfrentar una empresa nueva; también le ayudará a conseguir dinero sin tener que trabajar demasiado duro. Con ella podrá además tener independencia.

449. Una estrella.

Esta es la señal de que una oportunidad especial le arrojará una gran cantidad de dinero. Además, ganará inspiración en un campo en los que sus instintos naturales se inclinan por sobresalir (las artes). A causa de que tiene fortaleza suficientes en muchas áreas, es probable que abuse de sus buenas cualidades.

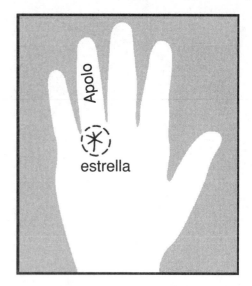

450. Una especie de red.

Una red en esta posición puede a veces ser una amenaza. Trata desesperadamente de dejar una huella en este mundo y es muy impaciente, porque su idealismo visionario no le da los resultados que espera. Cuando deje de luchar al máximo, su progreso llegará.

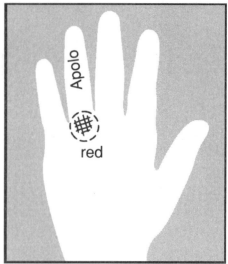

451. Un círculo.

El círculo es una señal poco usual. Es impaciente por terminar lo que empezó, por eso se dedica a proyectos pequeños, dejando a un lado los de largo plazo. Le gusta sentir el éxito y tener el control, por consiguiente persiste en dichos proyectos cortos. Esta señal indica además que más tarde en su vida puede acumular una fortuna.

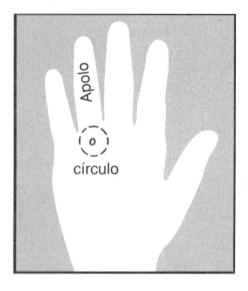

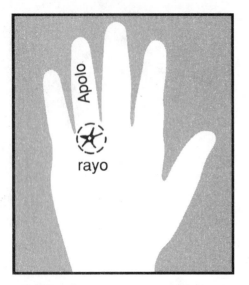

452. Una especie de sol.

Esta señal también aparece rara vez. Si la tiene, tendrá un reconocimiento a nivel mundial. Es extraordinariamente talentoso y se motiva con fuerza. La base de su motivación es su curiosidad, que lo guía a descubrir lo nuevo y excitante. No se confunde fácilmente.

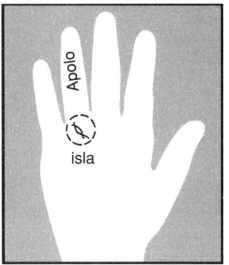

453. Una especie de óvalo.

Ahora mismo se encuentra en una posición incómoda, pero no desea rendirse. Ha tenido que cambiar los planes y siente su confianza debilitada. Siente que la belleza y el amor salieron de su vida y extraña eso terriblemente, pues es la energía que lo mueve. Tiene la tendencia a caer en agotamiento, aceptando su destino como algo permanente.

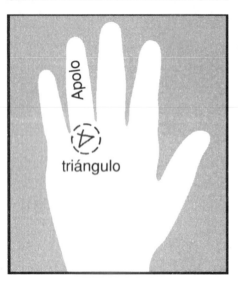

454. Un triángulo.

Un triángulo es una señal favorable, y localizada en esta posición indica que tiene aptitud para la actividad científica. Además es una persona externamente calmada y tiene una atracción natural con los demás; todo esto lo ubica bien en el campo de la medicina.

455. Un cuadrado.

Cuadrados en el monte de Apolo son una señal positiva. Este cuadrado lo protege y preserva su entusiasmo y apreciación por lo hermoso. Lo ayudará durante sus contratiempos. Esta marca le otorga además un potencial para tener grandes triunfos en el campo de las artes.

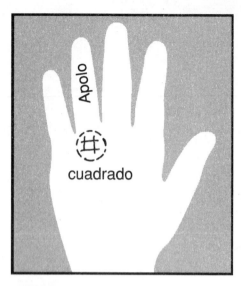

La Línea del Matrimonio

456. La Línea es corta y gruesa.

Esta línea puede referirse al matrimonio o a una relación amorosa. Es indicado que tenga una relación corta y emocionante, de la que obtendrá mucha fortaleza.

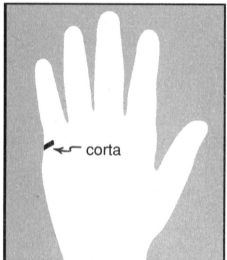

457. La Línea es bien definida, profunda y derecha.

Esto solo puede significar que usted y otra persona forman una relación duradera, engalanada de lealtad y confianza mutua, que durará todo el tiempo que desee, pues la separación de los dos será muy difícil. Su afinidad recíproca crece diariamente.

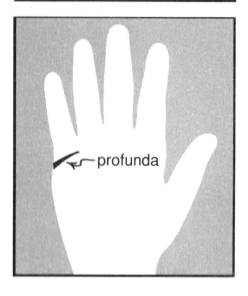

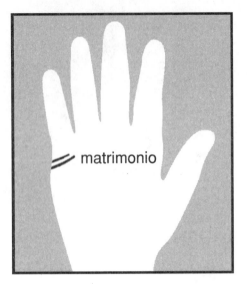

458. Está acompañada por un fragmento de línea.

Esto simboliza una unión en la cual hay una ruptura temporal. Esta ruptura puede significar un período de crecimiento interno para usted, para la expansión y enriquecimiento. Esto sirve de puente a su matrimonio hasta que esté moldeado permanentemente. En el futuro hay un intercambio de ideas sobre asuntos importantes.

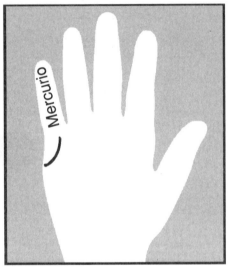

459. La Línea se curva ascendentemente hacia el Monte de Mercurio.

Usted no es una persona para matrimonio. Es demasiado impaciente para estar íntimamente con el sexo opuesto. Es generoso y sumiso, pero prefiere una relación abierta que pueda finalizar en cualquier momento. Es un romántico perenne y aumenta su ansia, la excitación que le produce la novedad en el amor.

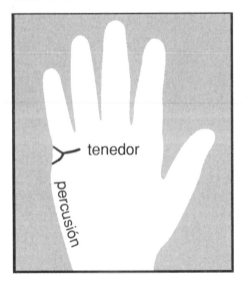

460. La Línea tiene forma de tenedor en la percusión de la mano.

Esta forma al comienzo significa que usted fue separado de su primer verdadero amor, pero finalmente se reconcilia o encuentra otro equitativo. Esta separación hizo que se afligiera y sintiera pérdidas irreparables. El punto de unión de las dos puntas muestra la cercanía final y el confort que le brinda un amor sincero.

En el Monte de Mercurio

461. Una cruz.

Se siente sin estrella, como si el destino le hubiera hecho una mala jugada. Hay personas que usted culpa severamente por destruir sus planes y por ello hacer que abandone los proyectos fácilmente. Sin embargo, aún tiene inteligencia y gracia que lo pueden llevar al éxito.

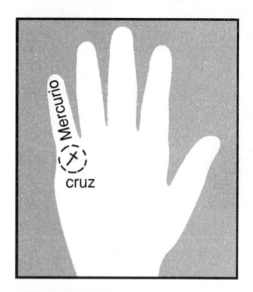

462. Su Línea del Matrimonio es cruzada por una línea descendente.

Esto significa que las personas que están a su lado se oponen a sus inclinaciones románticas. Se deja influenciar por lo que los demás juzgan adecuado para usted. Anhela una relación emocionante con su pareja.

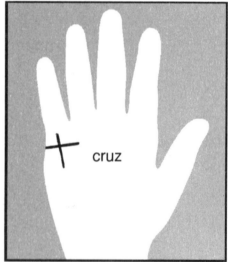

463. Una estrella.

En esta posición se encuentra una Estrella de Brillante Intelecto. Muestra que tiene poderes de razonamiento que están por encima del promedio. Si dedicara su vida entera a buscar una verdad o luz eterna, se convertiría en un visionario. Algunos de sus sueños serán realidad.

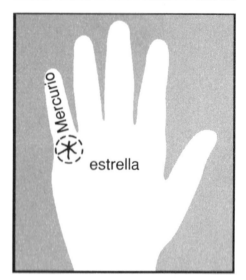

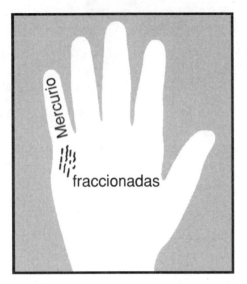

464. Bajo Mercurio aparecen muchas líneas fragmentadas.

Tiene una vida tormentosa, que se balancea entre la realidad y sus sueños y esperanzas. Diluye su energía intentando hacer muchas cosas a la vez. Deja a un lado las actividades que le traen placer. Dentro de usted están sucediendo cambios importantes que le traerán alivio.

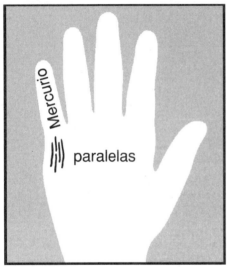

465. Líneas verticales y paralelas descienden del dedo de Mercurio.

La mayoría de sus talentos yacen en el área del cuidado de los menos favorecidos. Tiene una gran compasión y un entendimiento de las necesidades de los que menos tienen. Lo emociona obtener conocimientos nuevos. Lo máximo que hace se encuentra en el campo mental.

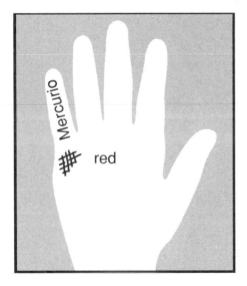

466. En el Monte aparece una especie de red.

Madurar le ha tomado más tiempo que a la mayoría. A veces siente que por dentro siempre será un niño. No se siente seguro de sí mismo soportando una gran responsabilidad. Se siente bien diciendo pequeñas mentiras para poder salir de situaciones incómodas.

467. Un triángulo.

Este es llamado el Triángulo del Ingenio y es un símbolo de charlas geniales e inteligencia rápida. Esta señal significa además una aptitud para las actividades científicas. Le fascina la lógica y el pensamiento puro. Sus reacciones son muy rápidas y es ágil mental y físicamente.

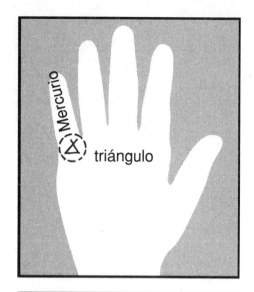

468. Un cuadrado.

Esta es siempre una señal favorable que le protege de cualquier posible daño. Necesita ser protegido para no perder su mayor bien: su mente, clara y rápida. Este cuadrado lo ayudará además a cuidar de sus ahorros y preservará su cordura en tiempos difíciles.

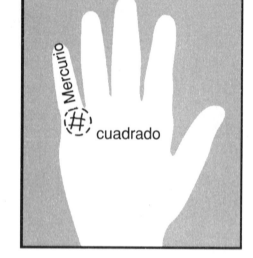

En el Monte de la Luna

469. Una Línea horizontal que procede de la percusión atraviesa el centro del Monte de la Luna.

Desarrollará un deseo por viajar a los lugares que lo ayuden a desenmarañar la historia de su familia. Le gustaría entender sus impulsos inconscientes que lo obligan a pensar y actuar de la forma que lo hace.

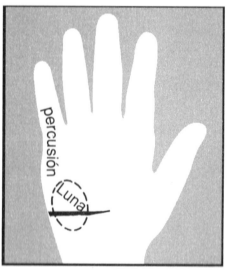

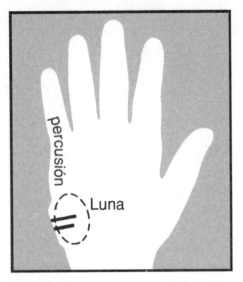

470. Varias Líneas horizontales se proyectan desde la percusión hasta el Monte de la Luna.

Estas marcas intensifican su deseo por viajar. Cuando viaja tiene un instinto por descubrir algo que es oscuro y remoto. Posee una capacidad especial para encontrar cosas escondidas, y podría ser muy efectivo que combinara esta pasión con una profesión.

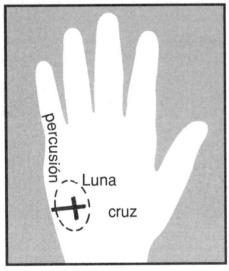

471. Una Línea horizontal con una barra cruzada sale de la percusión y se extiende sobre el Monte de la Luna.

Está consternado porque no ha podido realizar la más grande aventura de su vida. Le gustaría entender mejor su inconsciente y descifrar sus sueños, pero algo detiene su encuentro consigo mismo.

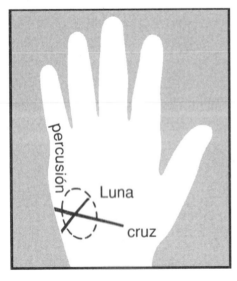

472. Dos Líneas que surgen de la percusión atraviesan el Monte de la Luna y se cruzan entre sí.

Su pasado parece un sueño lejano que ha intentado entender. Ha tratado diligentemente de conocerlo, y esto le ha traído variedad y cambio a su vida. Se inquieta y no está satisfecho con las realidades triviales de este mundo.

473. Una Línea horizontal que viene de la percusión cruza el monte de la Luna y forma una isla.

Tiene una preocupación interna y tiene la idea constante de que debería ocupar su tiempo en otra cosa. Desea alejarse, pero de algún modo se frustra al intentar ganar libertad debido a una fuerza que lo debilita. Tiene la cautela de poner cuidado especial a su vejiga y sus intestinos.

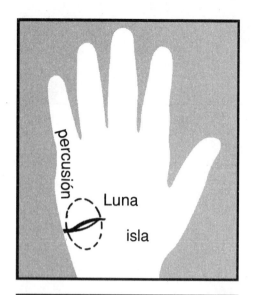

474. Una línea horizontal procedente de la percusión se extiende sobre el Monte de la Luna y finaliza en forma de tenedor.

Podría experimentar algunos problemas de salud, que son bastantes exagerados por su imaginación. Tiene un gran deseo de viajar y le fascina la aventura. Hay mucha indecisión y cambios en lo concerniente a los planes de viaje.

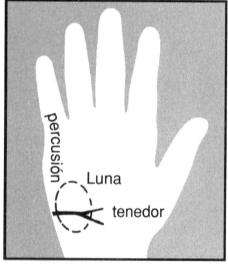

475. Una línea horizontal procedente de la percusión finaliza formando un triángulo en el Monte de la Luna.

Es sumiso y sensato cuando es guiado por los demás. Su intuición y su capacidad interior lo guían a viajar en busca de conocimiento.

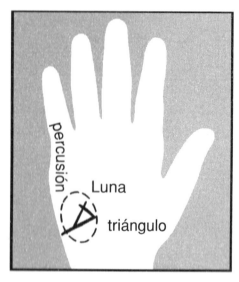

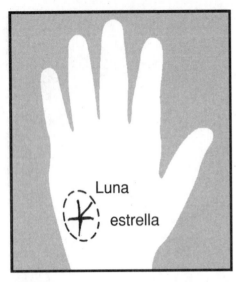

476. El Monte de la Luna contiene una estrella.

En el pasado esta marca era la indicación de una enfermedad crónica. Existe además una escuela de pensamiento que la llama Estrella del Brillante Intelecto, ya que la estrella en esta posición es encontrada en las manos de grandes pensadores y filósofos. Las personas con esta señal creen que lo más importante en la vida es la búsqueda de la luz y la verdad. Sus visiones a menudo se convierten en la realidad del mañana.

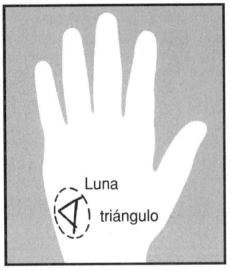

477. El Monte de la Luna contiene un triángulo.

Un triángulo en esta posición significa que ha heredado cierta sabiduría para formarse una idea de las personas y conocer los resultados de las cosas antes que sucedan. Además indica una aptitud para las actividades científicas. Tiene una imaginación muy activa y no teme hablar audazmente.

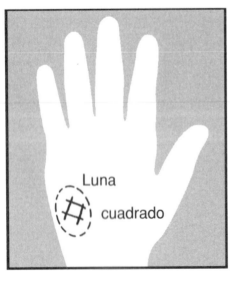

478. El Monte de la Luna contiene un cuadrado.

Esta señal le da sabiduría, inteligencia y reflejos rápidos para desviar los problemas antes que se agudicen. Es una señal de buena suerte para una persona de negocios que viaja frecuentemente. Además será protegido de heridas cuando practique deportes.

En el Monte de Venus

479. Allí tiene una cruz.

Peleas constantes con los que están a su lado lo agotan. Teme perder su derecho a ser correcto y espera que ganando disputas mejorará también su autoestima. Desafortunadamente esta fórmula no siempre funciona para usted. Esta señal puede ser además llamada "la cruz de San Andrew", la cual indica que encontrará una relación amorosa feliz con sólo una persona.

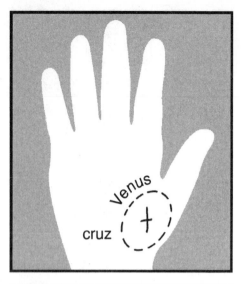

480. Hay una estrella.

Tiene un magnetismo animal que atrae admiradores constantemente. Su sensualidad es superada con afecto y una gran pasión. Sabe como conseguir varios admiradores en serie. Donde quiera que haya amor en su vida, hay también un problema.

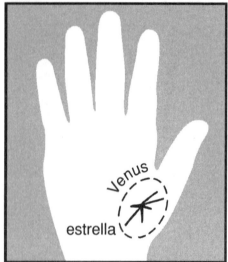

481. Hay una especie de estrella en la Línea de la Vida.

Cuando perdió la persona que más amaba, perdió la mayor parte de usted mismo. Toma algún tiempo conciliar el sentimiento de estar solo y perdido. Surge otra vez después de un largo período de retirada y experiencia.

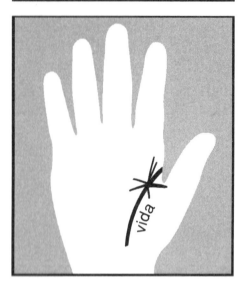

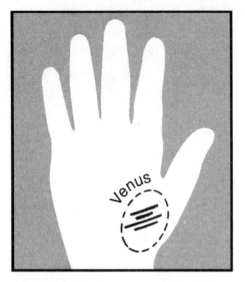

482. Aparecen líneas gruesas y profundas en su Monte de Venus.

No siempre sabe cómo expresar su agradecimiento. Aunque los demás pueden considerarlo como desagradecido, es en realidad distraído o retraído. En el fondo es tímido y le es difícil relajarse. Este es su principal inconveniente para tener éxito.

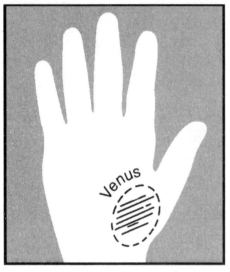

483. El Monte de Venus es atravesado por muchas líneas finas.

Es del tipo de persona sensual. Su naturaleza sensible y refinada se destaca como su más notoria característica. La dulzura de su personalidad puede no siempre ser visible externamente, pero está en su interior a todo momento. Ama los colores, las fragancias, las fantasías y la buena vida.

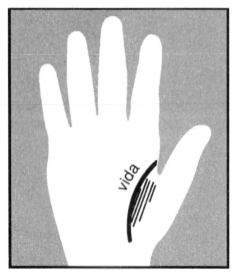

484. Aparecen muchas líneas paralelas a la Línea de la Vida.

La ética, las tradiciones y diversas excusas interfieren el éxito de su vida sentimental. Puede ser influido fácilmente por las opiniones de los demás. Aún no ha cimentado su personalidad permanentemente, y necesita aumentar la confianza en sí mismo en sus campos de interés favoritos teniendo más contacto con ellos.

485. Aparece una especie de red en la base de su pulgar.

Siempre ha temido separarse de quien ama. Tiene la necesidad imperante de ser amado. A menudo hay confusión en su vida sentimental. Gasta inútilmente mucho tiempo pasando obstáculos en el camino de su amor.

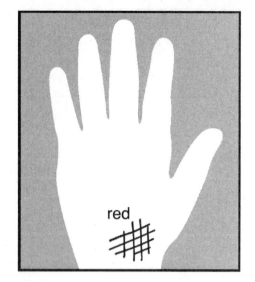

486. Aparece una especie de red en el centro del Monte de Venus.

Su genio es a veces como un péndulo y se balancea fuera de control. Ha sido testigo de muchos sucesos dolorosos y ahora busca estabilizar sus sentimientos. En la mitad de su vida será más activo sexualmente. Su confianza en el orden y la lógica del universo necesita ser revitalizada. Esto puede conseguirse con la ayuda de una persona comprensiva.

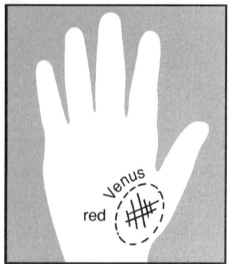

487. Este Monte tiene un triángulo.

Es una persona sabia y cautelosa. Es extremadamente exigente al seleccionar su pareja. Sabe cómo hacer que la persona que está a su lado mantenga vivo el interés por el amor. El matrimonio lo recompensará mental o materialmente.

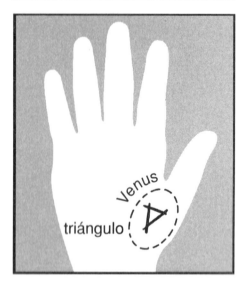

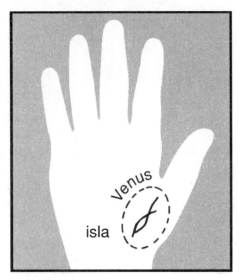

488. Hay una especie de isla en el Monte de Venus.

Sin darse cuenta a tiempo, renunció a relaciones amorosas o matrimonios muy ventajosos. Si se vuelve a encontrar en esta situación apresúrese a casarse. A las personas que llevan esta señal es necesario recordarles que solo con los esfuerzos hechos hoy pueden crear un mañana mejor, no importa que tan pequeños sean.

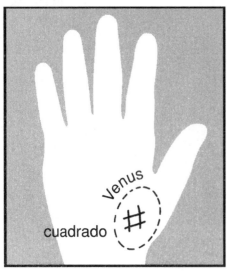

489. Este Monte tiene un cuadrado.

Experimenta cierta actitud fuera de la norma y tiene una vida de vergüenza. Ha llevado hasta ahora una vida limitada y desea continuar así. Para salir avante en sus proyectos actuales, necesita confiar en sus instintos y recordar que esta señal le da automáticamente la seguridad que necesita después que ha tomado una decisión.

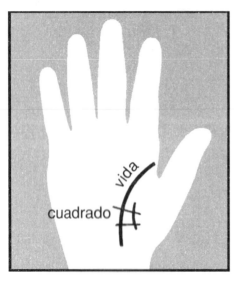

490. La Línea de la Vida se cruza con un cuadrado.

Tiene la tendencia de aislarse del mundo exterior. Considera lo que lo rodea como una prisión. Es tiempo que le enseñe al mundo todo lo que ha aprendido. Podría ser un buen conferencista público para una causa humanitaria usando la experiencia de su vida.

491. La letra "L" cruza la Línea de la Vida justo sobre el Monte inferior de Marte.

Un desacuerdo de mucho tiempo entre usted y un miembro de la familia ha sido una experiencia angustiosa. Estará a punto de terminar la disputa usando la fuerza bruta. Alguien podría resultar herido, por eso debería encontrar un arreglo amistoso.

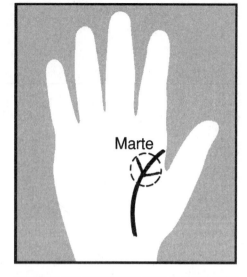

492. Encima del Monte inferior de Marte aparece una especie de estrella.

Aunque casi siempre tener esta señal es de buena suerte, a veces es lo contrario, como en este caso. Una disputa continua entre usted y un enemigo podría llevarlo a un arreglo judicial, que no estaría a su favor. Para evitar perder, trate de conciliar viejos malentendidos ahora mismo. Solo necesita poner un poco de su parte para salir de esto.

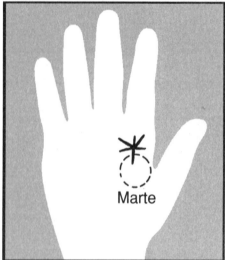

493. Aparece una especie de estrella en el Monte inferior de Marte.

Podría lograr un estatus social alto ingresando a las fuerzas armadas o a una importante organización pública. Siguiendo actividades que involucren interacción en grupo, su matrimonio será afectado positivamente. Le atraen las actividades riesgosas.

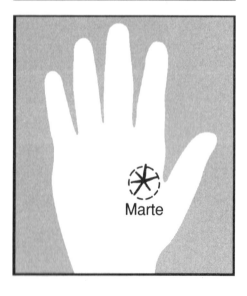

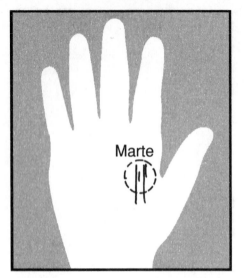

494. En el Monte inferior de Marte se originan líneas delgadas.

Se deja influenciar fácilmente de las opiniones dadas por el sexo opuesto. Los efectos son profundos e influyen en su manera de vestir y manejar el dinero. No tiene un control completo de su genio y posee la capacidad de utilizar la fuerza bruta.

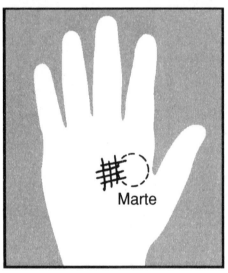

495. Hay una especie de red cerca al Monte inferior de Marte.

Una vez que se ha enojado por algo, es difícil para usted liberarse de este sentimiento. Su ira puede llegar al máximo, casi hasta guiarlo a un instinto homicida que lo consume. Si llena los años que siguen con una misión importante, estos sentimientos desaparecerán y en vez de ellos tendrá riqueza material y espiritual.

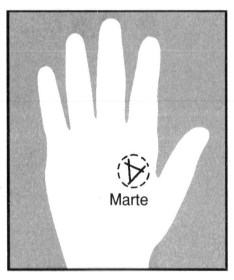

496. Aparece un triángulo en el Monte inferior de Marte.

Tiene una mente estratégica y es excelente al predecir el siguiente movimiento de una persona teniendo en cuenta sus acciones pasadas. Posee además una gran actitud para el mundo del espectáculo. Altos mandos militares y otros líderes llevan esta señal.

497. El Monte superior de Marte tiene una especie de estrella.

Es un luchador innato. Ahora sus batallas son silenciosas y sin atractivo popular, pero algún día será ámpliamente conocido por su valor frente a los asuntos verdaderamente importantes. Su éxito ahora depende en gran parte por su paciencia, que no es su mayor virtud. Es recomendable que permanezca lejos de las armas blancas y de fuego. Se introduce fácilmente en sentimientos de envidia y cólera.

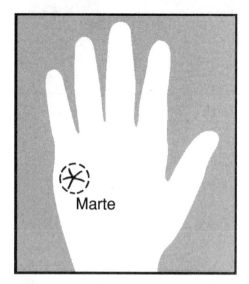

498. Hay una estrella entre las Líneas de la Cabeza y del Corazón, bajo el Monte de Mercurio.

Posee facultades descriptivas y de investigación. Además, ama los detalles exactos y los resultados precisos. Podría llegar muy alto y alcanzar satisfacción interna si utiliza estos talentos en el campo comercial, así como en la banca y las artes gráficas.

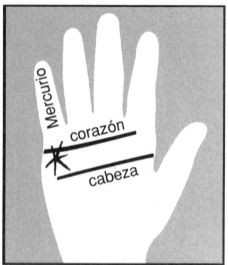

499. Aparece un triángulo en el Monte superior de Marte.

Es muy bueno tener esta señal. Le da calma para enfrentar el verdadero peligro. Siempre tiene aplomo en una crisis. Tiene aptitud para la estrategia y la táctica, como la de los líderes militares, por eso le convendría desarrollar una carrera por esta línea.

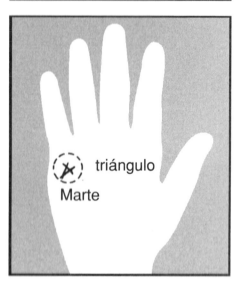

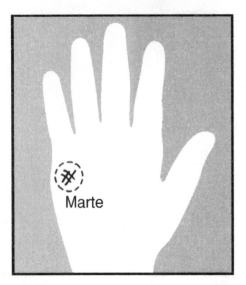

500. El Monte superior de Marte tiene un cuadrado.

Cualquier tendencia que tenga hacia la violencia y arranques impredecibles serán controlados a través de esta configuración. Es la clase de persona que debe aprender a controlar sus emociones con el poder mental. Este cuadrado también lo protegerá del daño corporal en las disputas.

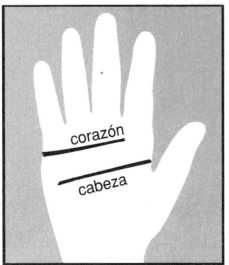

501. El espacio entre las Líneas de la Cabeza y el Corazón no tiene marca alguna.

Esto es importante, ya que indica la calma y aplomo necesario en emergencias. Usted examina las situaciones cuidadosa y rápidamente antes de actuar. Su buen juicio es solicitado frecuentemente por amigos y parientes.

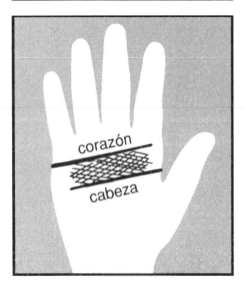

502. En el espacio entre las Líneas de la Cabeza y del Corazón aparecen muchas líneas cruzadas.

Un miedo innecesario lo desequilibra. Está obsesionado por muchos temores, la mayoría sin sentido. Se preocupa y se irrita a menudo sin causa aparente. Necesita reordenar sus ideas para que pueda cambiar estos hábitos.

503. Hay una cruz en la palma, bajo el Monte de Saturno y entre las Líneas de la Cabeza y del Corazón.

Es conocida como la cruz mística. Significa un deseo intenso por conocimiento. Busca este conocimiento en muchos niveles. Esta marca la tienen a menudo filósofos, abogados y líderes religiosos. Tendrá una fila de seguidores necesitando su apoyo.

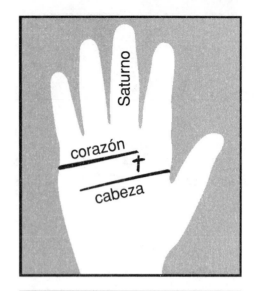

504. Aparecen cruces entre las Líneas de la Cabeza y del Corazón.

Esto indica un don especial para el misticismo. Toma la vida seriamente. A menudo busca señales con significado místico. Se ubica al lado de la superstición. Tiene gran habilidad para escribir poesía hermosa y misteriosa.

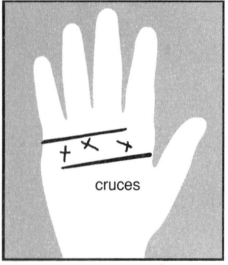

505. Hay una estrella entre las Líneas de la Cabeza y del Corazón, bajo el Monte de Apolo.

El éxito lo espera en el arte de la comunicación. Sabe como encantar a los que lo rodean. Además entiende el equilibrio correcto de la presión y la cortesía para conseguir lo que necesita de los demás. Maneja bien grandes sumas de dinero.

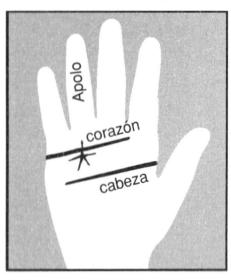

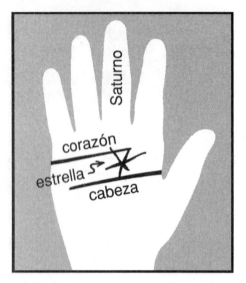

506. Una estrella puede encontrarse entre las Líneas de la Cabeza y del Corazón, bajo el Monte de Saturno.

Delante de usted hay una excepcional carrera. Será experto en el arte de concentrar su esfuerzo para alcanzar un objetivo importante. Está destinado a enseñarle a los demás que se ayuden por sí mismos. Usted entiende la importancia del cambio.

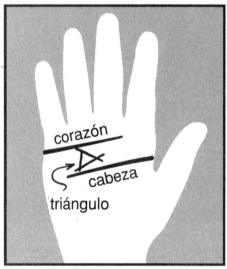

507. Hay un triángulo entre las Líneas de la Cabeza y del Corazón.

Tiene una curiosidad insaciable. Muchas de las preguntas que se hace no tienen respuesta. Además, quiere respuestas más detalladas. Prefiere que los demás le confirmen lo que ya sabe antes de proceder a actuar.

Gráficas de referencia

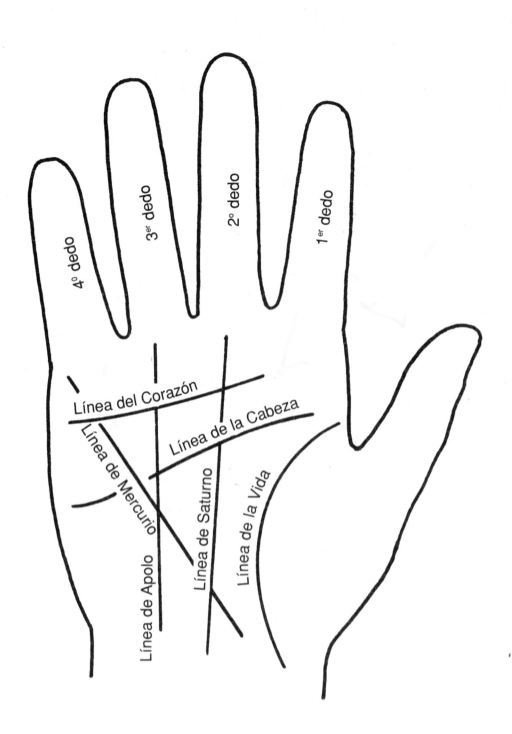

4º dedo

3er dedo

2º dedo

1er dedo

Línea del Corazón

Línea de la Cabeza

Línea de Mercurio

Línea de Apolo

Línea de Saturno

Línea de la Vida

Las líneas principales

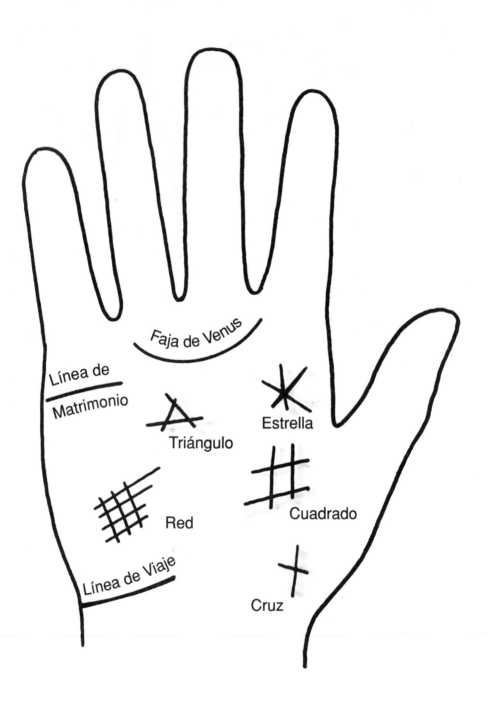

Faja de Venus

Línea de
Matrimonio

Triángulo

Estrella

Red

Cuadrado

Línea de Viaje

Cruz

Las marcas

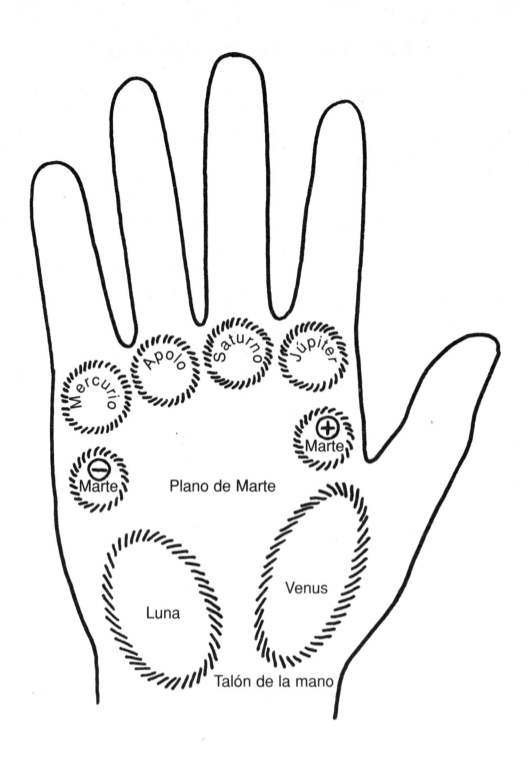

Los montes

Los nombres de los dedos

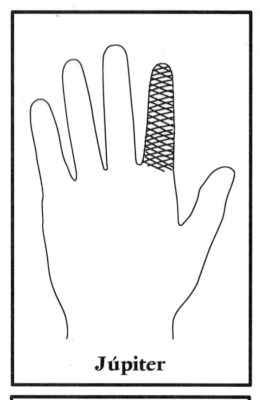

Júpiter

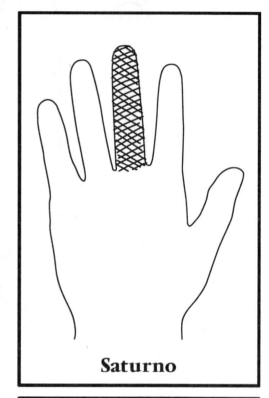

Saturno

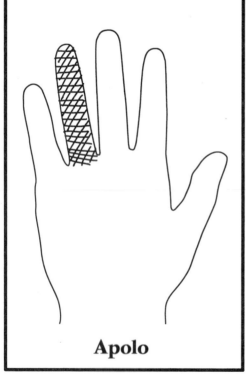

Apolo

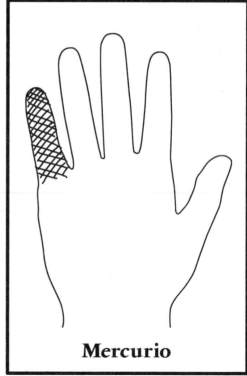

Mercurio

Los nombres de los dedos

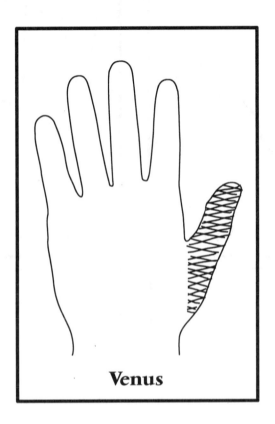

Venus

Líneas mayores

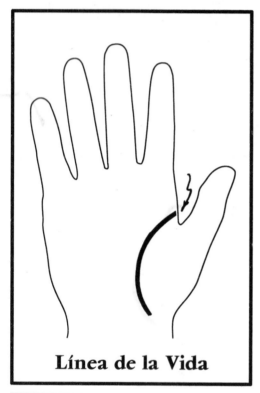

Línea de la Vida

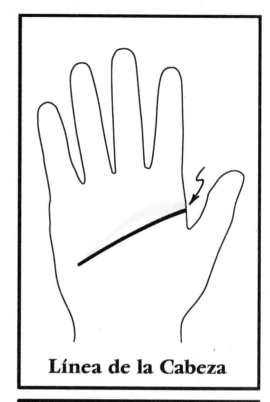

Línea de la Cabeza

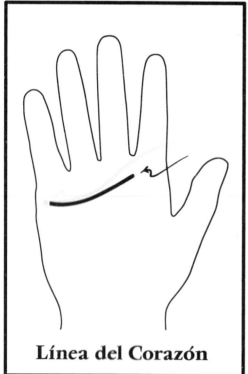

Línea del Corazón

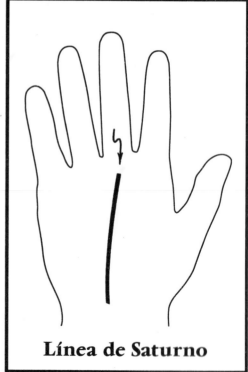

Línea de Saturno

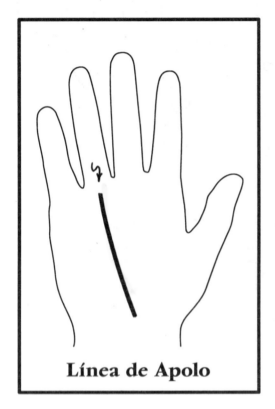

Línea de Apolo

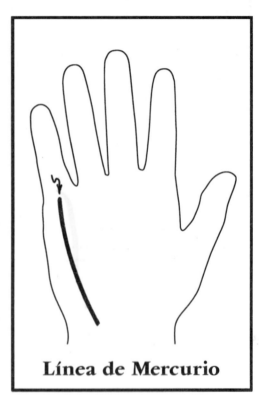

Línea de Mercurio

Variaciones en las líneas

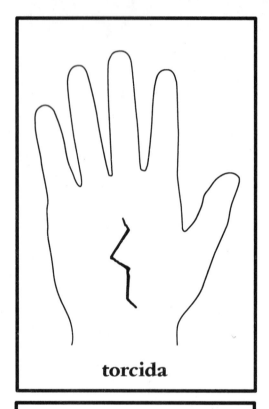

torcida

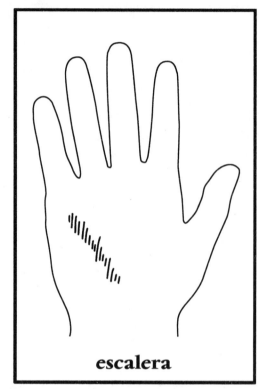

escalera

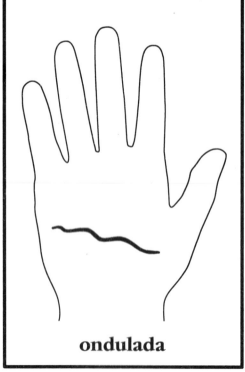

ondulada

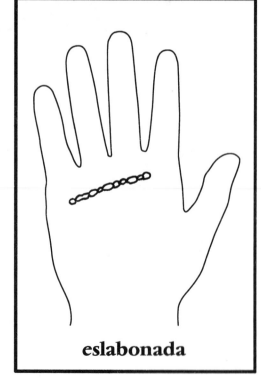

eslabonada

Variaciones en las líneas

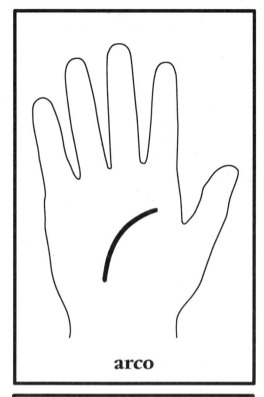

arco

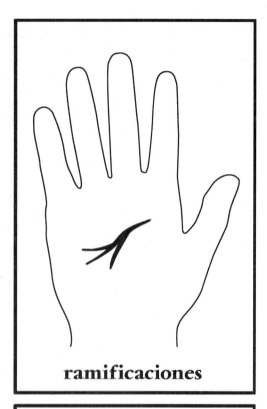

ramificaciones

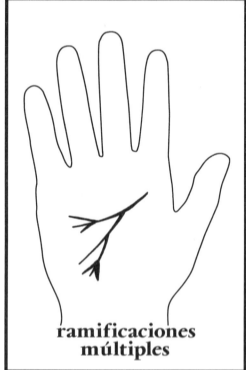

**ramificaciones
múltiples**

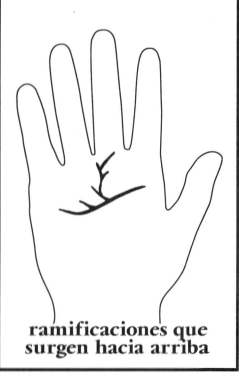

**ramificaciones que
surgen hacia arriba**

Variaciones en las líneas

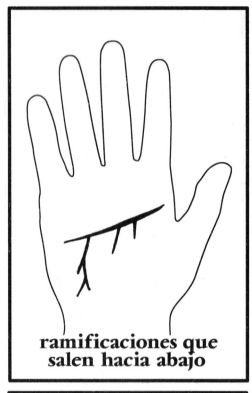

ramificaciones que salen hacia abajo

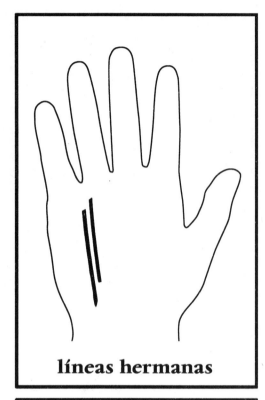

líneas hermanas

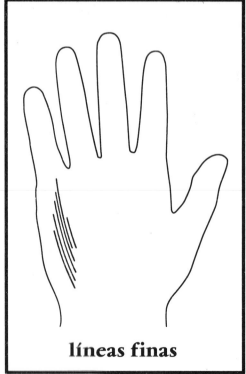

líneas finas

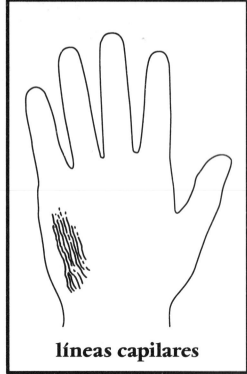

líneas capilares

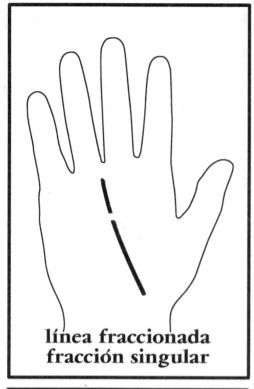

**línea fraccionada
fracción singular**

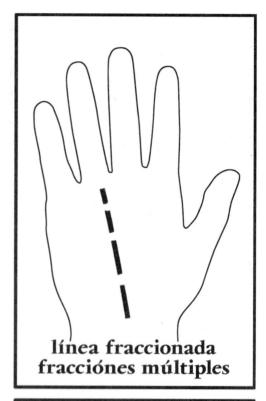

**línea fraccionada
fracciónes múltiples**

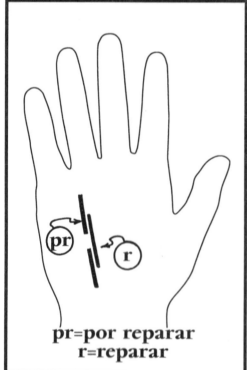

**pr=por reparar
r=reparar**

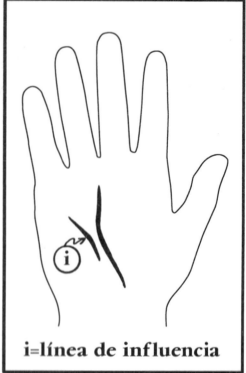

i=línea de influencia

Variaciones en las líneas

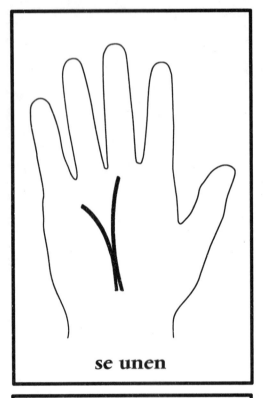

se unen

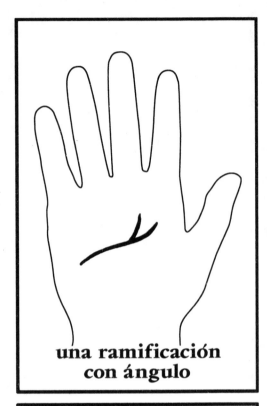

una ramificación
con ángulo

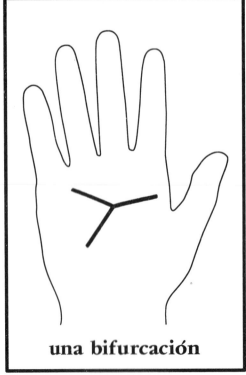

una bifurcación

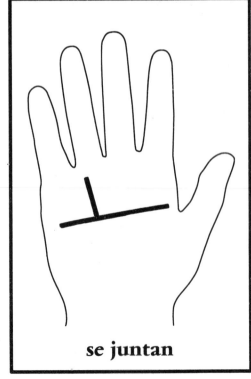

se juntan

Variaciones en las líneas

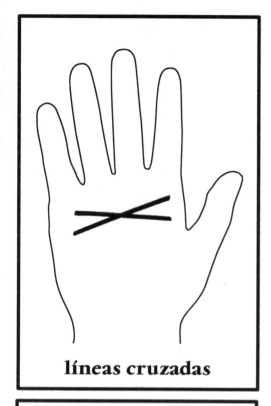

líneas cruzadas

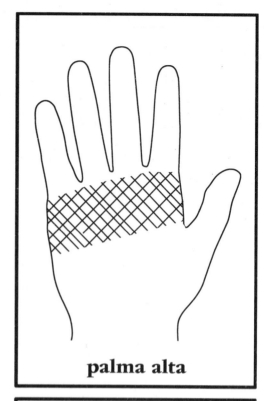

palma alta

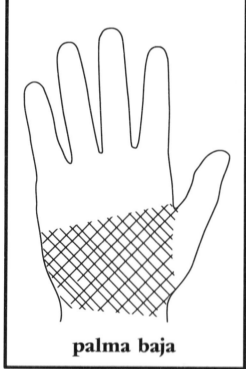

palma baja

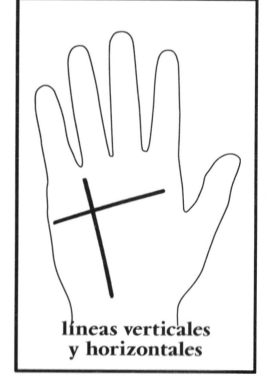

**líneas verticales
y horizontales**

Los nombres de los Montes

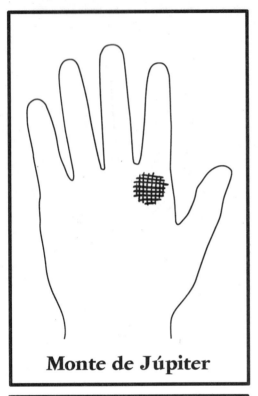

Monte de Júpiter

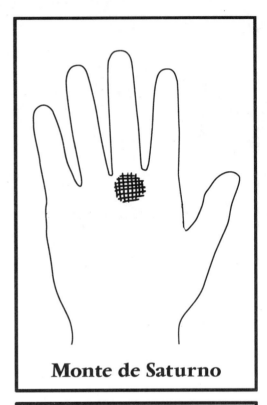

Monte de Saturno

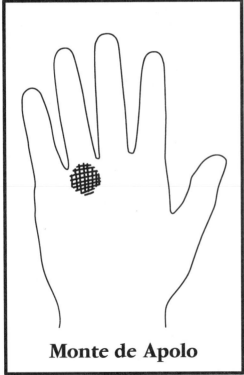

Monte de Apolo

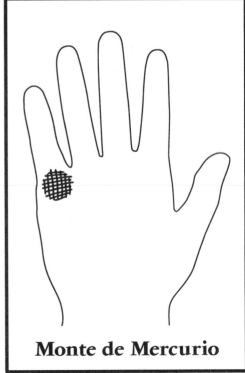

Monte de Mercurio

Los nombres de los Montes

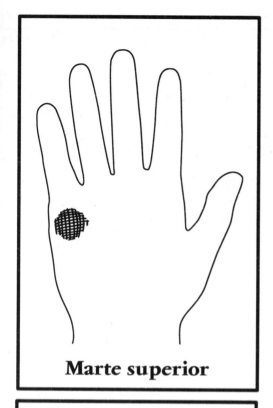

Marte superior

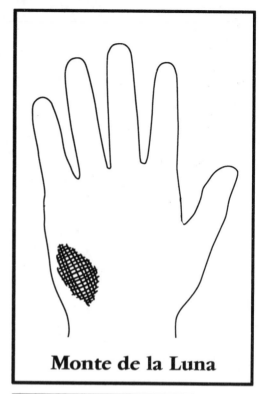

Monte de la Luna

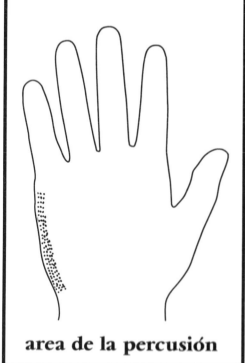

area de la percusión

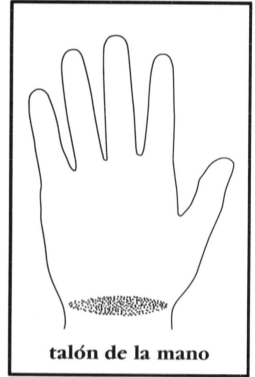

talón de la mano

Los nombres de los Montes

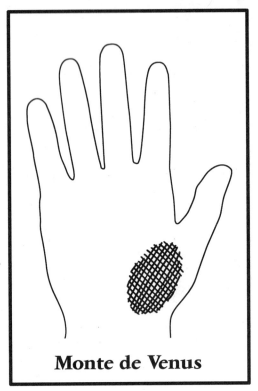

Monte de Venus

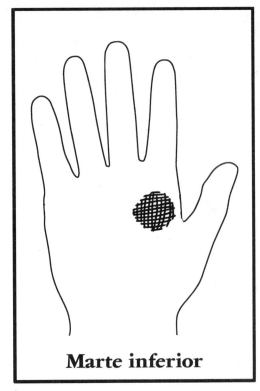

Marte inferior

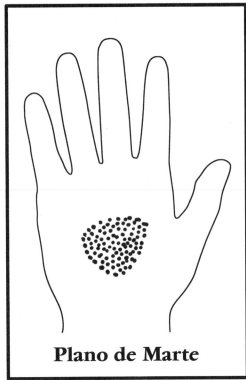

Plano de Marte

Las marcas y las señales

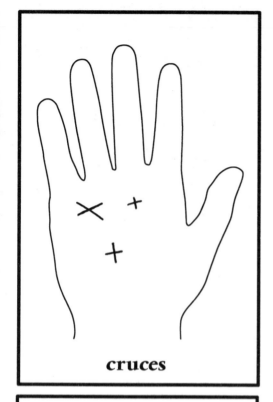

cruces

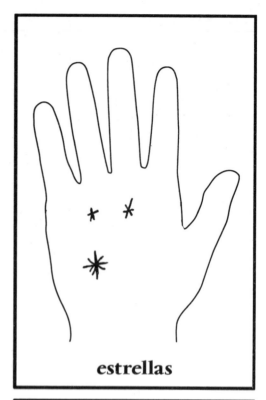

estrellas

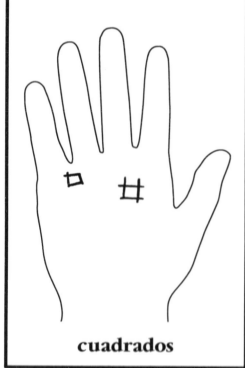

cuadrados

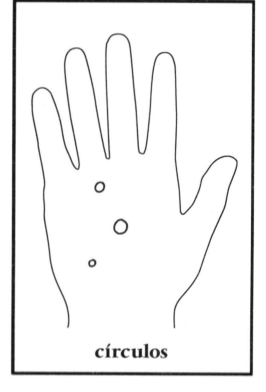

círculos

Las marcas y las señales

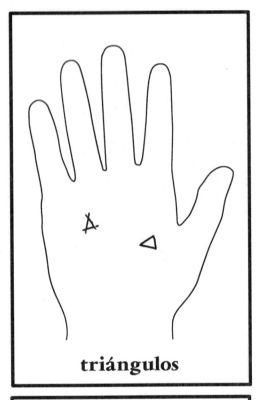

triángulos

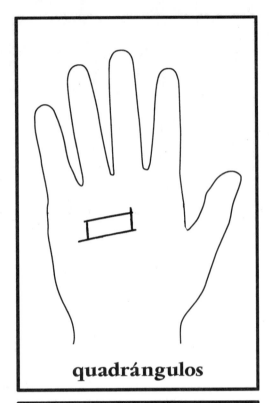

quadrángulos

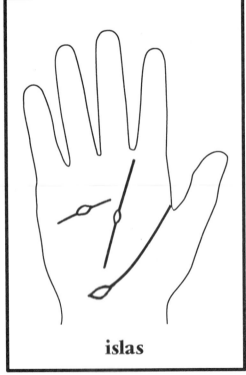

islas

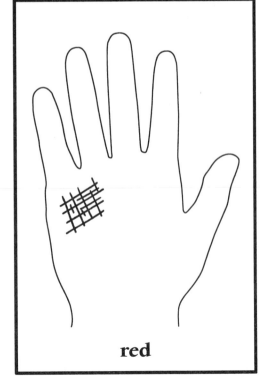

red

Las marcas y las señales

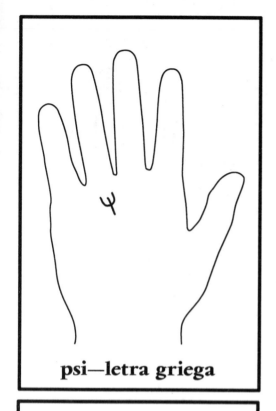

psi—letra griega

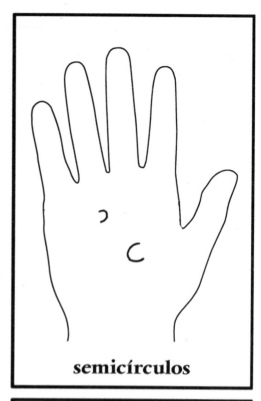

semicírculos

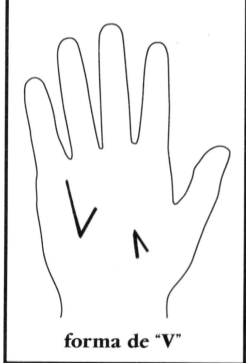

forma de "V"

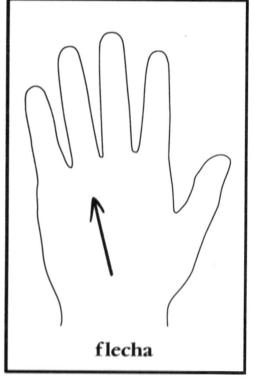

flecha

Las marcas y las señales

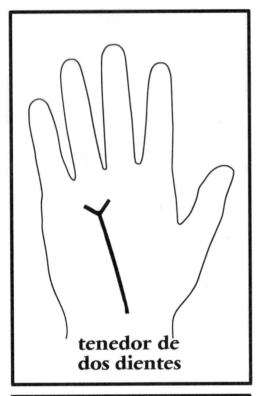

**tenedor de
dos dientes**

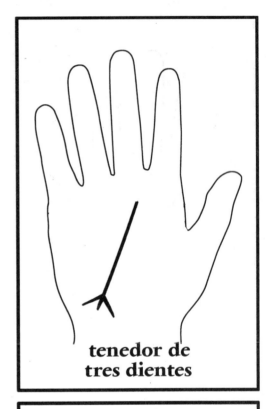

**tenedor de
tres dientes**

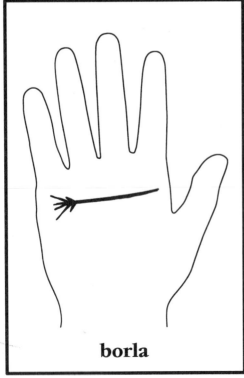

borla

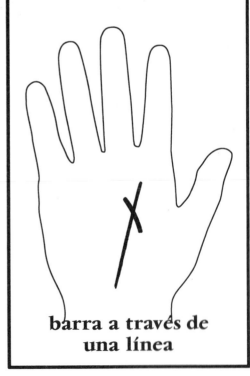

**barra a través de
una línea**

Las marcas y las señales

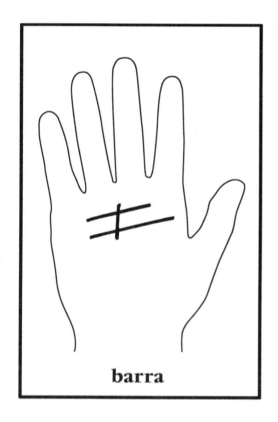

barra

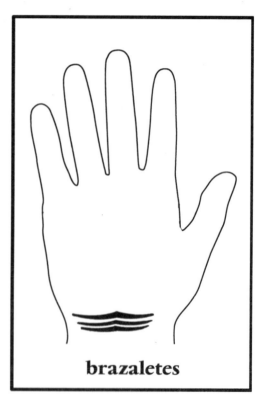

brazaletes

Los fundamentos

El siguiente capítulo es un curso corto sobre los fundamentos de la Quiromancia profesional. Si es estudiado, a través de una repetición memorizada, lo proveerá de todos los elementos básicos para proceder de una manera semiprofesional en la actividad de la lectura palmar.

Como convertirse en un quiromántico profesional

Una precaución: Estoy profundamente convencida, en estos tiempos difíciles, de la necesidad de motivar y consolar clientes en vez de reprenderlos o dominarlos. Un gran número de personas que buscan quirománticos lo hacen como último recurso, después de que no pueden ser ayudados o aliviados por doctores o consejeros religiosos. En tales casos las respuestas han de ser positivas y deberán servir además para que el consultante descubra los talentos ocultos que puede utilizar, que ciertas debilidades pueden ser fortalecidas y que aún tiene el potencial para llevar a cabo un único y útil papel en la sociedad. Siempre estimule, nunca critique.

Todo el mundo quiere que se le lea la palma de la mano. Valore su trabajo y no lo haga gratis. Si va a hacer el esfuerzo de memorizar el siguiente texto (puede tomar semanas), usted merece una compensación económica. Ya que es una experiencia de desgaste mental para el quiromántico, no se debería sentir mal por pedir su debida retribución.

¿Cuánto debería cobrar? Pregúntele al posible cliente, ¿"cuánto vale para usted el análisis de su personalidad y carácter además de las buenas nuevas acerca de su futuro pronosticado"? Yo uso una escala variable de US $5.oo a US $ 50.oo. A medida que progrese, recibirá también mensajes visuales y mentales acerca del cliente al que le está sosteniendo la mano. Esta es la parte agotadora. Algunos clientes son demasiado exigentes y hacen muchas preguntas que merman toda su vitalidad. En estos casos es mejor empezar diciendo: "aquí tiene una hoja de papel, escriba sus tres preguntas". Si insisten en hacer más preguntas e interrumpen frecuentemente, sea firme y dígales que cobrará por cada pregunta. Con otros clientes necesitará uno o dos días para recuperar y rejuvenecer su energía cósmica y psíquica.

La regla general es nunca gastar más de media hora para hacer la lectura palmar. El mensaje pierde impacto después de 15 minutos, y después de media hora, su cliente ha olvidado lo que le dijo al comienzo.

Los hombres son a menudo clientes más difíciles que las mujeres. Una vez que desenmascaran y exponen sus debilidades deben ser manejados con especial cuidado, ya que son muy crédulos y fáciles de impresionar, y se podría causar un daño duradero al psiquismo humano durante la lectura, atemorizándolos con pronósticos poco alentadores. Con respecto a esto, evite responder preguntas relacionadas con muerte, enfermedad y accidentes, pues esa no es la labor de un quiromántico.

Cuando quiera que se presente una oportunidad en una conversación (en el trabajo, después de clases, por teléfono, con conocidos, etc.) mencione muy casualmente que lee la mano. Verá que repentinamente aparecen manos extendidas hacia usted y oirá decir "lea mi mano". En tal caso, debe repartir una tarjeta con su nombre y número de teléfono, y decir: "Llámeme, tengo muchos compromisos, pida una cita". ¡Buena suerte!

Los básicos de la lectura palmar profesional.
Curso Corto

En las siguientes descripciones de líneas y formas verá que todas ellas tienen un punto de origen, cierta longitud y un punto donde se detienen. Estas líneas estarán acompañadas de marcas y cada una de ellas tiene una interpretación significativa que necesita ser memorizada. A veces es necesario decirle al solicitante en qué momento de su vida ha ocurrido cierto evento. Este rango de tiempo es bastante simple para calcular. Tome la longitud de la línea en cuestión y divídala en segmentos de acuerdo a la edad de la persona al tiempo de la lectura. Puede usar un lapicero para marcar sobre la mano de su cliente.

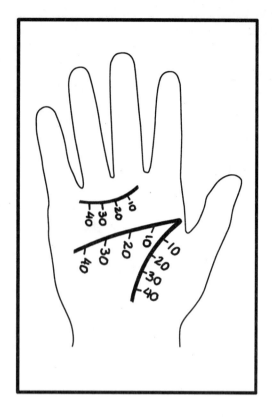

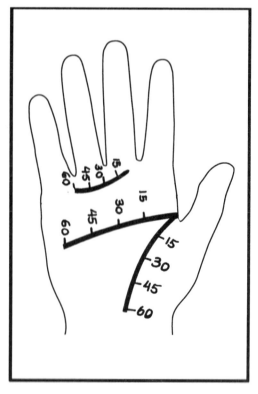

Línea de la Vida

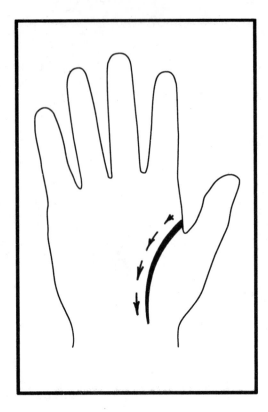

Es considerada como la más importante de la mano. Comienza cerca a la membrana carnosa del pulgar, y hace una curva hasta el punto donde finaliza la muñeca. Es la medida de nuestra constitución, vitalidad, fuerza de voluntad, y habilidad para recibir y dar amor.

a Si la línea de la Vida rodea el pulgar, es la señal de una larga vida y vejez activa.

b. Si se bifurca al final significa que las fuerzas vitales se escapan del campo de la realidad hacia el reino de la imaginación.

c. Líneas pequeñas descendentes significan que uno tiene la tendencia a malgastar la vitalidad.

d. Líneas pequeñas ascendentes significan que uno se recupera rápidamente.

e. Líneas pequeñas que cruzan la línea de la Vida indican que uno se preocupa demasiado acerca de cosas innecesarias.

f. Una línea corta y gruesa significa vitalidad, empuje y habilidad para superar problemas de salud.

g. Cuando es directa y cercana al pulgar representa una persona que vive cuidadosamente pasando el mayor tiempo protegido.

h. Los cuadrados sobre esta línea dan protección extra frente a fuerzas adversas en tiempos difíciles.

i. Una línea ondulada indica que una persona hará muchos cambios en su vida antes de conseguir su paz interior.

Línea de la Cabeza

Es la primera línea horizontal por encima de la línea de la Vida. Comienza en un punto situado en cualquier lugar entre el pulgar y el dedo índice. Esta línea revela nuestra mentalidad expresada por el acercamiento a la vida de una persona, actitudes y vida profesional. Es además la medida de la felicidad latente y el éxito.

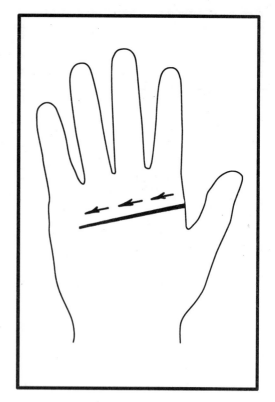

a. Cuando está junto con la Línea de la Vida al comenzar, muestra un gran dominio mental sobre el cuerpo. Pertenece a una persona con un punto de vista temeroso, el cual tiene sus raíces en la infancia.

b. Separada al comienzo de la Línea de la Vida indica amor por la aventura. Esta persona da la bienvenida con entusiasmo a las experiencias de la vida.

c. Larga, profunda y derecha significa una mente directa y lógica con un intelecto realista y excepcional.

d. Tenue y ondulada puede ser interpretada como la falta de habilidad para concentrarse y la falta de profundidad en el pensamiento, pero no como carencia de inteligencia.

e. Una línea corta implica una tendencia hacia la acción física en vez de la reflexión.

f. Una línea larga inclinada hacia arriba describe una persona con memoria retentiva. Esta es la marca de un recaudador.

g. Una línea larga y bien definida es la marca de un pensador imaginativo y creativo.

h. Una línea eslabonada indica agitaciones y tensiones

i. Una estrella sobre la línea representa un alcance mental excepcional

j. Un cuadrado sobre la línea significa dirección desde una fuente externa que brinda apoyo en tiempos difíciles.

k. Bifurcada al final designa una segunda infancia.

l. Bifurcada en el medio significa que se desarrolla un interés nuevo e importante.

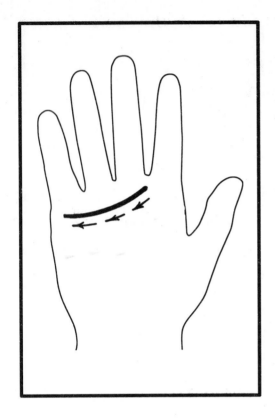

Línea del Corazón

Es la primera línea localizada longitudinalmente en la parte superior de la palma. Hace su curso sobre los montes atravesando la palma hasta el extremo (llamado la percusión). Expresa los sentimientos humanos y maneja las relaciones y sentimientos aliados al corazón.

a. Una línea eslabonada, fraccionada u ondulada revela que su mentalidad es variable. Esta persona tiene muchos intereses sentimentales, pero pocos de ellos son estables.

b. Línea poco visible se traduce como un corazón débil en relaciones sentimentales.

c. Si está unida al dedo anular significa que el matrimonio podría ser un acto impulsivo que podría no elevar la posición en la vida de una persona.

d. Una estrella al comienzo quiere decir felicidad marital .

e. Una isla anuncia un período de presión .

f. Cruces y espacios en blanco indican pérdidas emocionales o el final de una relación amorosa.

g. Líneas pequeñas ascendentes significan felicidad en el amor.

h. Líneas pequeñas descendentes indican decepciones en el amor.

i. Una línea doble quiere decir protección extra por parte de alguien que lo ama.

Línea de Saturno

Si está perfectamente formada, lo cual ocurre rara vez, empieza en el borde inferior de la palma y avanza verticalmente a través de ella deteniéndose bajo el dedo índice. Esta línea es portadora de manifestaciones de carácter psicológico importantes, mostrando que las fortalezas y debilidades son asociadas con el estudio, la amistad y los problemas diarios de la vida.

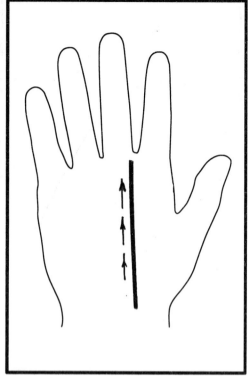

a. Una línea clara y derecha significa seguridad y estabilidad en una época de la vida.

b. Unida a la Línea de la Vida al comienzo indica un individuo que se hace por sí mismo; logra importancia y fama sin ayuda.

c. Unida a la Línea de la Vida en cualquier otro punto, y separándose después, significa que esta persona es llamada a ceder sus propios intereses por un tiempo en beneficio de los demás.

d. Cuando intercepta a la Línea de la Vida desde abajo del pulgar, significa que miembros de la familia o amigos serán útiles en el apoyo de sus planes profesionales.

e. Si se origina en el Monte de la Luna sitúa el destino en una vida bajo el escrutinio público. Significa una elevación desde la oscuridad hacia los campos del entretenimiento o la política.

f. Líneas de influencia del Monte de la Luna que se unen a la Línea de Saturno indican que intereses sentimentales alteran el destino. El matrimonio o una relación sentimental lo situará a la luz pública.

g. Si la línea cambia mientras cruza la línea de la cabeza, esta persona manejará un cambio exitoso en su carrera profesional a mediados de la vida.

h. Si se origina en el dedo anular, el destino será marcadamente cambiado por las artes.

i. Una estrella que marca el final de la línea indica éxito solo después de años de duro trabajo.

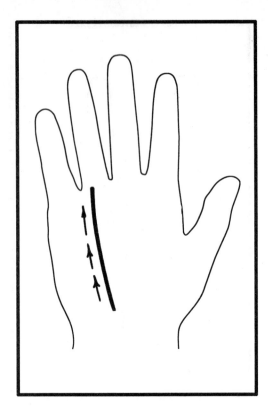

Línea de Apolo

Puede estar localizada en cualquier parte sobre un eje vertical derecho entre la muñeca y la base del dedo anular. Esta línea dice acerca del potencial innato de una persona para conseguir éxito, distinción y fama a través del desarrollo de talentos especiales. Además tiene que ver con las recompensas ganadas gracias al esfuerzo.

a. Si aparece totalmente, implica algún grado de vida pública. Una persona con este riesgo no puede vivir en total oscuridad.

b. Una línea claramente marcada y gruesa indica distinción y satisfacción en el trabajo hecho en la vida.

c. Una línea fraccionada representa altibajos en el reconocimiento público.

d. Si finaliza con un cuadrado directamente bajo el dedo anular, indica que un patrón de bondad ayudará al portador de esta línea a alcanzar grandes éxitos.

e. Si finaliza en una estrella, revela un triunfo espectacular como escritor, músico, pintor o persona del espectáculo.

Línea de Mercurio

Podría no estar siempre presente. Si se encuentra, empieza sobre la base de la palma de la mano cerca a la muñeca y junto a la Línea de la Vida, y en casos extremos puede extenderse hasta el monte de mercurio debajo del dedo meñique. Su sola presencia revela que es dueño de su salud y toma medidas para conservar un bienestar consistente. Si no se encuentra indica que en general no tiene problemas de salud.

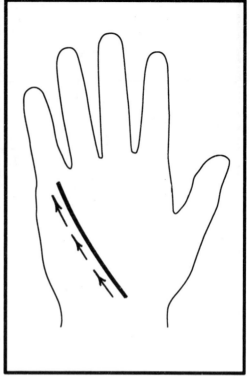

a. Una línea derecha y gruesa denota una habilidad para los negocios y una vitalidad sin fin para todos los asuntos relacionados con la obtención de dinero.

b. Ondulada significa tensión nerviosa.

c. Un cuadrado sobre ella significa protección proporcionada mediante un tratamiento médico y/o ayuda en una crisis financiera.

d. Una línea doble incrementa la posibilidad del éxito en nuevas empresas. Además promueve logros maravillosos y una naturaleza dotada académicamente.

e. Una isla al comienzo indica que esta persona será impulsada a seguir una carrera que evocará envidia.

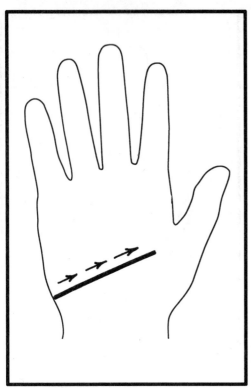

Línea de Viaje

Empieza en el borde de la palma cerca a la muñeca, atraviesa el Monte de la Luna y avanza sobre la palma horizontalmente hacia el pulgar pasando por el Monte de Venus. Esta clase de líneas indican viajes importantes en ultramar o a través de un país, los cuales tienen un efecto profundo sobre el destino de la persona.

a. Una línea bien definida implica viajes, vacaciones y reubicaciones de familia y trabajo que mejoran mucho la vida de una persona.

b. Cuando intercepta la Línea de la Vida indica un viaje que será hecho por razones de salud. El resultado es el mejoramiento de ella.

c. Cuando está cruzada por una línea de interferencia de cualquier tipo pronostica complicaciones que surgirán viajando.

d. Cuadrados en esta línea suministran protección extra contra el peligro.

e. Los traslapes y divisiones indican retrasos durante el viaje.

f. Si esta línea cruza la Línea de Saturno, un viaje altera positivamente la vida de uno.

g. Si en vez de tener una línea recta, una persona lleva varias líneas tenues, quiere decir que se involucra en viajes frívolos de muy poca influencia en la vida.

Línea del Dinero

Puede ser encontrada comenzando su curso en el Monte de Venus y ascendiendo hacia los montes bajo los dedos. Esta línea indica habilidad para conseguir dinero y muestra la mejor forma de obtener riqueza para quien la porta.

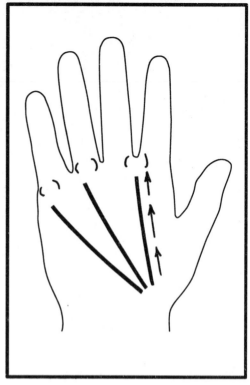

a. Si avanza desde la base del pulgar hacia abajo del dedo índice, es la marca de un capitalista innato.

b. Si termina en una estrella, es la señal del "toque de Midas"; todo en lo que esta persona se involucre, se convierte en riqueza.

c. Si apunta hacia el dedo medio, indica que la mejor forma de hacer dinero es por medio de negocios con los demás.

d. Si esta línea atraviesa la mano y finaliza en el dedo meñique (Mercurio), es la señal de dinero inesperado ganado a través de concurso o apuestas, producto de una muy buena suerte.

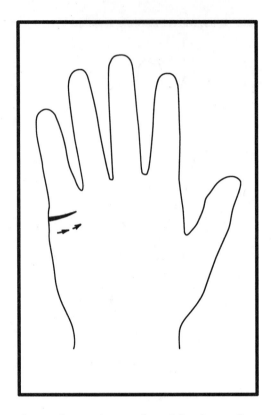

Línea del Matrimonio

Las líneas cortas y horizontales que atraviesan el Monte de Mercurio son conocidas como Líneas del Matrimonio.

En la Quiromancia clásica, cada línea se interpreta como un vínculo emocional profundo con un miembro del sexo opuesto, que puede terminar en matrimonio. Es usual encontrar solamente una de ellas en la mano.

a. La aparición de varias líneas sugiere que puede tener la capacidad de formar vínculos emocionales fuertes con muchos miembros del sexo opuesto durante la vida.

b. Una línea clara, larga y profunda revela un matrimonio feliz para toda la vida.

c. La forma de tenedor al comienzo indica un período largo de compromiso.

d. La forma de tenedor al final significa separación, o disolución del matrimonio.

e. Dos líneas traslapadas indican una relación amorosa con otra persona fuera del matrimonio.

f. Una línea que se corta y luego reanuda su curso, significa que esta persona se separará de su pareja pero sólo temporalmente.

Zonas

Práctico o imaginativo

La mano está conformada por dos zonas: La superior y la inferior, que son divididas por la Línea de la Cabeza. Todas las marcas sobre la parte superior denotan aspectos y potenciales prácticos de la persona. Las señales encontradas en la zona inferior suministran una fuente para las facultades imaginativas.

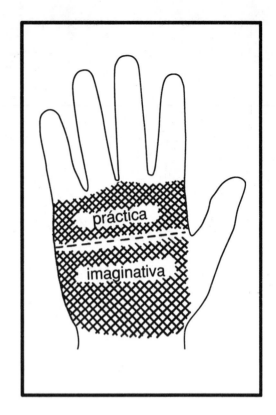

Resistencia o agresión

El lado izquierdo de la mano contiene las marcas que a menudo indican un comportamiento agresivo. El lado derecho denota el poder de resistencia de una persona y una naturaleza sumisa. La línea de división es normalmente la Línea de Saturno.

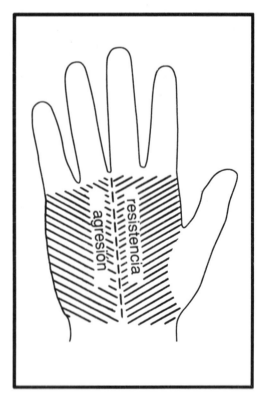

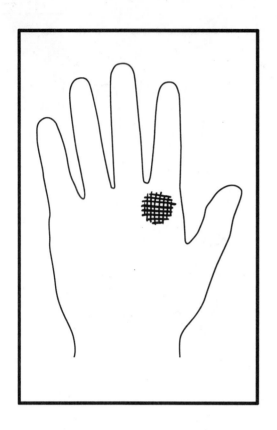

Montes
(para encontrar los montes cierre levemente la mano del interesado)

Monte de Jupiter

Este monte representa ambición, orgullo, honor y liderazgo. Cuando está bien desarrollado, indica amor por la familia y la sociedad. Su portador tiene orgullo y autorrespeto. Si es excesivamente grande, manifiesta presunción. Si no aparece denota una falta de respeto personal y egoismo. Las marcas en este monte alteran sus cualidades.

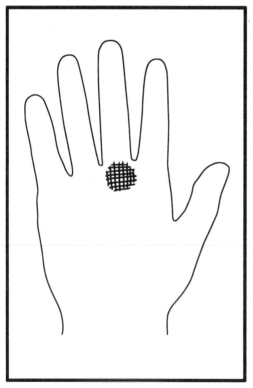

Monte de Saturno

Cuando está bien formado denota seriedad y cautela. Cuando se encuentra mucho más claro y definido, la persona es inquieta y preocupada hasta el punto de que interfiere en su vida diaria. Su ausencia indica melancolía. Las marcas en este monte aumentan o limitan la habilidad de una persona para pensar con lógica.

Monte de Apolo

Bien formado denota el carácter de una persona con cualidades como compasión, misericordia y amor por la belleza y el arte; así como un anhelo profundo de tener reconocimiento y fama. Un Monte de Apolo superdesarrollado denota vanidad y ostentación más un deseo insaciable de dinero. Cuando no aparece significa crueldad. Las marcas sobre este monte influencian las tendencias emocionales y artísticas de una persona.

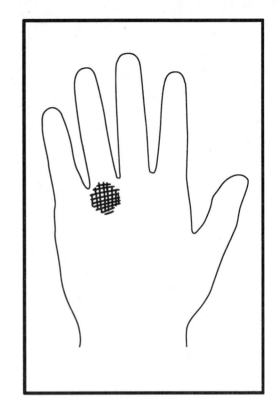

Monte de Mercurio

Bien desarrollado denota optimismo, un gran espíritu, actitud positiva, alegría y una enorme capacidad de recuperación. Esta persona puede levantarse rápidamente de la adversidad y aprende de las dificultades. Un Monte de Mercurio exageradamente desarrollado muestra una naturaleza intrigante; si no aparece, indica falta del sentido del humor. Las marcas en este monte dan perspicacia a las aptitudes y habilidades profesionales.

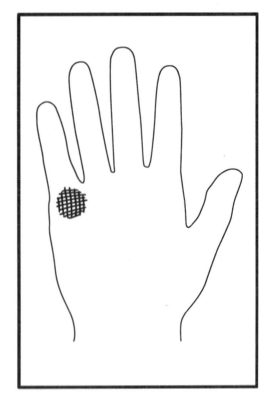

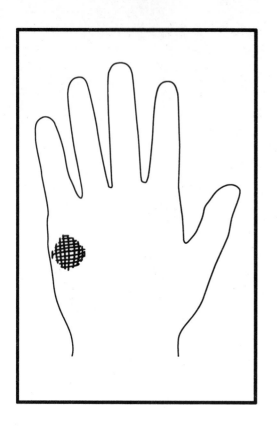

Monte superior de Marte

Cuando es grande da valor, resistencia y amor al peligro. Una persona con influencia de Marte es bastante agresiva y encarna todos los elementos de un guerrero; además tiene un temperamento salvaje. Las marcas sobre este monte describen los obstáculos encontrados y el desarrollo de la personalidad necesitado para resistir el fracaso y superar la derrota.

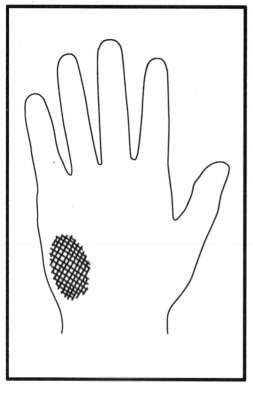

Monte de la Luna

Bien formado indica imaginación y sentimentalismo. Esta persona ama y necesita abrigo y lugares hermosos. Viajará toda la vida para encontrar el marco adecuado de armonía, estimulación y belleza donde vivir. Si es exageradamente desarrollado significa locura, capricho, excentricidad y pereza. Si no aparece en la palma, muestra inquietud y malestar interno.

Monte de Venus

Cuando es de buen tamaño denota una persona generosa por naturaleza, benevolente, afectuosa e inspirada por la música y los placeres de los sentidos. Si el monte es de una medida exagerada significa pasiones sin límites y excesiva sensualidad que finalmente esclavizan a su portador. Cuando no aparece indica una disposición fría y egoista.

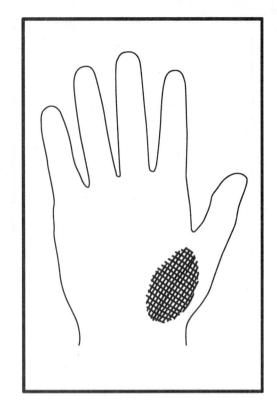

Monte inferior de Marte

Cuando está bien formado muestra valor moral, autocontrol extraordinario y la capacidad de perdonar heridas del pasado. Si el monte es excesivamente definido, significa reserva y gran fortaleza. Si no se encuentra, indica poca fuerza para resistir la oposición o un potencial debilitado. Las marcas en este monte tratan la naturaleza de las agresiones de una persona.

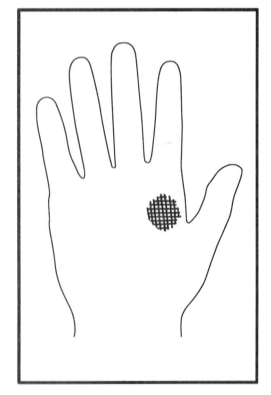

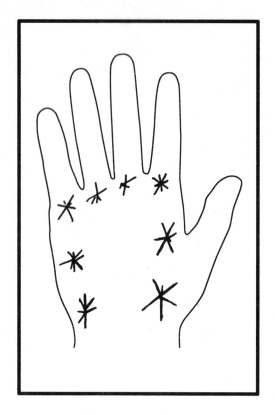

Formaciones de Estrella

Una estrella indica un suceso más allá de su voluntad. Usualmente se encuentra sobre los montes y es una señal de advertencia. Ayuda a evitar el peligro y la amenaza, por eso es considerada de buena suerte.

a. Una estrella sobre Júpiter significa que ganará una posición destacada en su carrera profesional con poco esfuerzo.

b. Sobre Saturno indica un destino dramático que lo convierte en centro de atención.

c. Sobre Apolo significa éxito espectacular. Reconociendo esta formación temprano en la vida, una persona puede adquirir su mejor talento y triunfar rápidamente.

d. Bajo Mercurio indica distinción en la ciencia, la medicina o los negocios.

e. Sobre el Monte de Luna da imaginación y la probabilidad de un gran progreso mental como el resultado de un pensamiento creativo.

f. Si está sobre Venus es la señal segura de éxito en cualquier cosa que se involucre.

g. Sobre Marte lo protege de agresores y le da fortaleza para realizar grandes cosas sin necesidad de ayuda.

Cuadrados

Un cuadrado indica poder. Es formado por la intersección de cuatro líneas secundarias que vienen de direcciones diferentes y pueden o no formar ángulos rectos. Tratan las oportunidades que involucran situaciones de sentido común que requieren calma para ser resueltas.

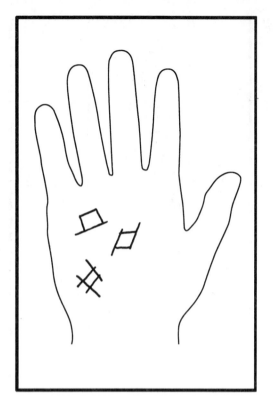

a. Un cuadrado sobre Júpiter lo protege de pérdidas y conflictos producto de intereses opuestos.
b. Sobre el Monte de Saturno protege a una persona de un destino desagradable.
c. En el Monte de Mercurio suministra energía extra y facilidad para decidir.
d. Sobre el Monte de La Luna protege al viajero de accidentes y contratiempos.
e. Sobre el Monte de Marte lo protege de personas fastidiosas y agresivas.

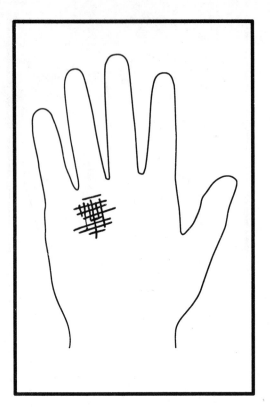

Red

Una red es un trazado de líneas horizontales y verticales que se cruzan entre sí, y pueden aparecer en cualquier parte sobre la palma. Señala los problemas que están por resolver.

a. Una red sobre Júpiter denota empuje excesivo y un ego exagerado.
b. Sobre Apolo significa una persona que se esfuerza por el éxito usando todas sus energías.
c. Sobre el Monte de la Luna indica que la persona sufre por temores infundados y soporta preocupaciones exageradas.
d. Sobre Marte denota que la ansiedad de esta persona interfiere con los logros profesionales y otros objetivos personales.

Triángulos

Los triángulos pequeños son considerados de buena suerte. Se forman de la intersección de tres líneas pequeñas. La suma total de los ángulos internos es igual a 180 grados.

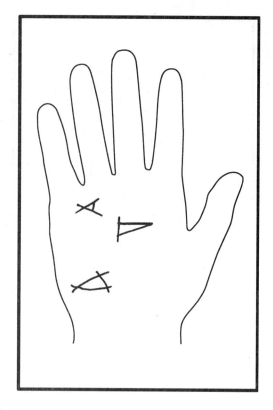

a. Un triángulo sobre Júpiter muestra aptitud para la diplomacia y la táctica sutil.

b. Sobre Saturno significa una aptitud innata para lo oculto.

c. Sobre el Monte de Apolo anuncia el descubrimiento de una metodología innovadora en la ciencia o en las artes.

d. Sobre el Monte de Mercurio indica una persona diplomática y astuta para maniobrar situaciones en busca de su propia ventaja; además, es evasiva e impresiona incluso a los más inteligentes.

e. Sobre el Monte de Marte marca la excelencia en el campo de las tácticas militares—una persona que progresa gracias a la emoción que le produce la competencia—.

f. Sobre el Monte de la Luna indica una intuición altamente desarrollada y una inclinación a la imaginación.

g. Sobre Venus significa la búsqueda por ganancia material en una relación sentimental o unión marital.

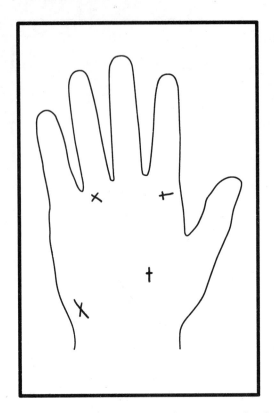

Cruces

Una cruz es formada por la intersección de dos líneas pequeñas. Las cruces indican luchas.

a. Una cruz sobre Júpiter significa una unión feliz después de solucionar conflictos.

b. Sobre Apolo indica errores cometidos en la vida profesional a causa de la falta de un propósito estable.

c. Sobre Mercurio denota un individuo astuto con inclinación a la deshonestidad y que es fácilmente tentado.

d. Sobre Marte muestra una disposición relajada y obstinada. Esta persona pelea frecuentemente y tiende a perder el control y a causarse daño corporal.

e. Sobre el Monte de la Luna enmarca a una persona incapaz de comprender la fina diferencia entre la exageración y una mentira.

f. Sobre Venus indica "un único amor". La persona con esta señal será fiel hasta el final, no importando si dicho amor no le conviene.

Bibliografía

Achs, Ruth, M.D., and Harper, Rita, M.D. "Diagnostic Palmistry." *Life Magazine*, February 25, 1966, pp.88-89.

Aria, Gopi. *Palmistry for the New Age*. Long Beach, CA: Morningland Pub. Co., 1977.

Bashir, Mir. *Your Past, Your Present and Your Future through the Art of Hand Analysis*. New York: Doubleday, 1974.

Benham, William G. *The Laws of Scientific Hand Reading*. New York: Hawthorn Books, 1946.

Berry, Theodore J. M.D. *The Hand as a Mirror of Systematic Disease*. Philadelphia: F.A. Davis, 1963.

———. "A Show of Hands." *Time Magazine*, March 13, 1964, p.84.

Bhat, B.R. *The Indian School of Palmistry*. Coimbatore, 1983.

Bright, J.S. *The Dictionary of Palmistry*. New York: Bell Pub. Co., 1958.

Broekmkan, Marcel. *The Complete Encyclopedia of Practical Palmistry*. Englewood Cliffs, NJ: Prentice Hall, 1972.

Cavendish, R. "Palmistry." *The Encyclopedia of the Unexplained*. pp.173-177. New York: McGraw-Hill Book Co., 1976.

Cheiro. *Cheiro's Language of the Hand*. New York: Arco Pub. Co., 1964.

———. *Cheiro's Palmistry for All*. New York: G.P. Putnam's Sons, 1916.

Cotterman, C.W. "A Scotch-Tape India Ink Method for Recording Dermatoglyphs." *American Journal of Human Genetics*, v.3, p. 376, 1951.

Craig, A.R. *Your Luck's in Your Hand, the Science of Modern Palmistry*. New York: R. Worthington, 1884.

Dale, J.B. *Indian Palmistry*. Theosophical Pub. Co., 1895.

Daniels, Cora L. "Hands, Graphology, Palmistry." *Encyclopdia of Superstitions, Folklore and Occult Sciences of the World*, v.1, pp.286-294. Detroit: Gale Research Co. Book Tower, 1971.

d'Arpetigny, S. *Chirognomie*. Paris, 1843.

Desbarrolles. *Les Mystéres de la Main Revelés et Expliqués*. Paris: Librarie du Petit Journal, 1859.

Elbualy, Mussallan S., and Joan Schindler. *Handbook of Clinical Dermatoglyphs*. Miami: University of Miami Press, 1931.

Frith, Henry. *Palmistry Secrets Revealed*. North Hollywood, CA: Wilshire Book Co., 1952.

Gettings, Fred. *The Book of the Hand: An Illustrated History of Palmistry*. London: Paul Hamlyn, 1965.

———. *The Hand and the Horoscope*. London: Triune Books, 1973.

———. *Palmistry Made Easy*. London: Bancroft and Co., 1966.

Giles, H.A. "Palmistry in China." *Nineteenth Century*, v.lvi, n.334, pp.985-988, 1904.

Green, Stephany. *Palmy, Palm Reading Card Game*. New York: Merrimack Pub. Co., no date.

Hagen, Johann von. *Chiromantia, Phisiognomia, Astrologia Naturalis*. Strassburg, 1522.

Hastings, James. "Palmistry." *Encyclopedia of Religion and Ethics*. v.ix, pp.591-592. New York: Charles Scribner's Sons, 1955.

Hipskind, Judith. *Palmistry, the Whole View*. St. Paul, MN: Llewellyn Publications, 1977.

Hoffman, Elizabeth P. *Palm Reading Made Easy*. New York: Simon and Schuster, 1971.

Holt, Sarah. *The Genetics of Dermal Ridges*. Springfield, IL: Charles C. Thomas, 1968.

Issberner-Haldane, E. *Wissenschaftliche Handlesekunst*. Berlin: Verlag von Karl Siegismund, 1932.

Life Magazine. "Diagnostic Palmistry, Simple New Test for Birth Defects." February 25, 1966, pp.88-89.

MacKenzie, Nancy. *Palmistry for Women*. New York: Warner Paperback, 1973.

Mademoiselle Magazine. "Your Fingerprints Might be Clue to a Faulty Heart Valve." p.24, April 1977.

Mangoldt, Ursula von. *Der Kosmos in der Hand*. München-Planegg: Otto Wilhelm Barth Verlag, 1934.

Paracelsus. *The Hermetic and Alchemical Writings of Paracelsus*. London: A.E. Waite, 1891.

Price, Derek J. *An Old Palmistry, Being th Earliest Known Book of Palmistry in English* (edited from the Bodelian Ms. Diby Roll iv). Christ's College, Cambridge: W. Heffer and Sons Ltd., 1953. [Original 1440.]

Psychos. *The Complete Guide to Palmistry*. New York: Arco Pub. Co., 1971.

Rampa, Lobsan Tuesday. *Feeding the Flame*. Corgi Books, no date.

Rene, E. *Hands and How to Read Them*. Chicago: Max Stein, 1880.

St. Germain, Comte C. de. *The Practice of Palmistry*. New York: Samuel Weiser, 1897.

St. Hill, Katherine. *The Grammar of Palmistry*. Philadelphia: Henry Altemus, 1893.

Sen, K.C. *Has Samudrika Shastra, The Science of Hand-Reading Simiplified*. Tataporevala Sons and Co., 1951.

Sheridan, Jo. *What Your Hands Reveal*. New York: Bell Publishing, 1958.

Soulie, Charles Georges. *Sciences Occultes en Chine, La Main*. Paris: Editions Nilsson, 1932.

Spence, Lewis. "Palmistry." *An Encyclopedia of Occultism*. pp.314-315. New Hyde Park, NY: University Books, 1984.

Spiers, Julian, M.D. *The Hands of Children*. London: Routledge and Kegan, 1955.

Squire, Elizabeth Daniels. *Palmistry Made Practical*. North Hollywood, CA: Wilshire Book Co., 1976.

Steinbach, Marten. *Medical Palmistry*. New York: Signet, 1975.

Tabori, Paul. *The Book of the Hand, A Compendium of Fact and Legend Since the Dawn of History*. New York: Chilton Book Co., 1962.

Walker, Norma Ford. "Inkless Method of Finger and Palm and Sole Printing." *Journal of Pediatrics*. University of Toronto, Ontario, Canada, no date.

Wilson, Joyce. *The Complete Book of Palmistry*. New York: Bantam, 1971.

Wolff, Charlotte, M.D. *The Hand in Psychological Diagnosis*. New York: Alfred A. Knopf, 1944.

Yi, Ping Koh. *Looking at the Hand*. Hong Kong: Wa Lehn Co., ca. 1920.

Llewellyn
Español

P.O. Box 64383
Saint Paul, MN 55164-0383

1-877-526-2442

LLEWELLYN ESPAÑOL

Rev. Ray T. Malbrough

PODERES MÁGICOS DE LOS SANTOS

Evoque el poder de los santos. Esta es una guía informativa sobre las facultades milagrosas de 74 santos. Aprenda a evocarlos para lograr su ayuda y protección.

5 ³/₁₆" x 8¹/₄" • 240 pág.

1-56718-453-7

Guy Finley

SECRETOS PERDIDOS
DE LA ORACIÓN

La oración es una forma de comunicación. ¿Obtenemos respuestas a nuestras oraciones? Si ese es el caso, ¿por qué
sólo logramos felicidad o aliento pasajeros? Orar de la forma
indicada lo llevará a descubrir lo mejor de su vida.

5³/₁₆" x 8¹/₄" • 224 pág.

1-56718-281-X

MANTENGASE EN CONTACTO...
¡Llewellyn publica cientos de libros de sus temas favoritos!

En las páginas anteriores ha encontrado algunos de los libros disponibles en temas relacionados. En su librería local podrá hallar todos estos títulos y muchos más. Lo invitamos a que nos visite a través del Internet.

www.llewellynespanol.com

Ordenes por Teléfono

✔ Mencione este número al hacer su pedido: **K397-2**
✔ Llame gratis en los Estados Unidos y Canadá, al Tel. 1-877-LA MAGIA (526–2442).
✔ En Minnesota, llame al (651) 291-1970.
✔ Aceptamos: VISA, MasterCard, y American Express.

Correo y Transporte

✔ $4 por ordenes menores a $15.00
✔ $5 por ordenes mayores a $15.00
✔ No se cobra por ordenes mayores a $100.00

En **U.S.A.** los envíos se hacen a través de UPS. No se hacen envíos a Oficinas Postáles. Ordenes enviadas a **Alaska, Hawai, Canadá, México y Puerto Rico** se harán en correo de 1ª clase. **Ordenes Internacionales:** Correo aéreo, agregue el precio igual de c/libro al total del valor ordenado, más $5.00 por cada artículo diferente a libros (audiotapes, etc.). Terrestre, Agregue $1.00 por artículo.

4-6 semanas para la entrega de cualquier artículo. Tarífas de correo pueden cambiar.

Rebajas

✔ 20% de descuento a grupos de estudio. Deberá ordenar por lo menos cinco copias del mismo libro para obte-ner el descuento.

Catálogo Gratis

Ordene una copia de *Llewellyn Español* con información detallada de todos los libros en español actualmente en circula-ción y por publicarse. Se la enviaremos a vuelta de correo.